Corso Completo di Trading Forex

Analisi Tecnica, Psicologia, Operatività e Exper Advisor

di
Marco Cacciatore

con un intervista
a Stefano Gianti di Swissquote.LTD

Sommario

Perché un altro libro sul Trading?

La domanda non è scontata, se si naviga in rete negli ultimi anni c'è stato un incremento notevole dei siti che si occupano di trading on line, che devo dire purtroppo ne danno una visione "distorta"del facile guadagno che puoi realizzare mentre ti prepari il caffè o vai al lavoro.Nella mia esperienza, proveniente dalla grafica pubblicitaria prima, e dal web marketing dopo, il trading on line è affiorato grazie alle letture di libri come Joe Vitali, o Robert T. Kiyosaky dove parlando di libertà finanziaria illustrano i 3 pilastri del profitto, cioè il web marketing, il mercato immobiliare, e gli investimenti.In campo italiano invece abbiamo il buon Alfio Bartolla, che con i suoi "seminari" di 2 giorni ti insegna il trading on line. Cercando in rete trovai degli ottimi video tutorial gratuiti realizzati dall'agenzia d'investimento TS investing con sede in svizzera, e ho seguito i loro webinar passo passo collezionando oltre 10 ore di trading. Una volta chiariti i concetti sono entrato in mercato e ho fatto la mia esperienza come piccolo investitore, la mia rovina sono state le opzioni binarie, tanto facili quanto pericolose, ma sulle valute l'insieme è stato positivo, sapevo di non sapere e sapevo cosa mi mancava sapere (scusate il gioco di parole). Ho continuato a studiare e fare esperienza. La prima fase di confusione sul cosa fare e come muovermi anche con soldi veri nel mercato era ormai archiviata.

Il primo step era superato, ma volevo conoscere di più, e sopratutto volevo conoscere le persone che fanno trading, così armato di cartelletta per gli appunti sono stato al forum IT di Rimini, una delle più importanti fiere dedicate al trading in Italia.

Quello che era virtuale è diventato in un colpo solo reale, un mondo di persone che insegnano, parlano trading, respirano trading insieme a banche e agenzie.
Mi sono reso conto che era un mondo circoscritto e che alla fine le persone che danno valore al trading da professionisti si conoscono tutte.

Continuando a studiare e stato d'obbligo passare alla piattaforma Metatrader4 e ad un broker che mi facesse operare con tranquillità e sopratutto con versatilità e sicurezza.
Ho conosciuto Swissquote LTD con sede a Londra, ed è subito nata una collaborazione, proprio perchè mi dava quello che stavo cercando.

E' nata così la necessità di scrivere un metodo, raccogliendo quello che avevo imparato e sopratutto di "semplificarlo", proprio perché complicare il mondo del forex è semplicissimo.
Fare ordine, prima per me stesso e anche per chi volesse comprendere il trading forex senza complicarsi la vita con le formule matematiche e schermate piene di tracciati.
Oltre alla tecnica c'è il lato psicologico che mi interessa illustrare, ovvero tutte le emozioni che sono legate al denaro, e sono tutte emozioni "forti" che spesso condizionano la nostra vita. Queste emozioni possono

realmente influire sul rendimento di un trader, e affiorano prepotentemente quando si affrontano le prime (inevitabili) perdite. Infatti per gestire una perdita occorre una buona preparazione, per non cadere nel dubbio di investire bene o investire male, e una ferma convinzione sulle proprie scelte e di portarle fino in fondo.

Prima di addentrarci nel trading finanziario analizzeremo l'influenza che ha il denaro nella nostra educazione e quali sono le false credenze che ci portiamo dietro fin da piccoli.

L'EDUCAZIONE FINANZIARIA

L'educazione finanziaria non viene insegnata a scuola, e se vi capita nella vita di avere una piccola (o grande) somma di denaro, di sicuro se non saprete da che parte iniziare, andrete incontro a un disastro annunciato.

Il miglior investimento di denaro è far lavorare il denaro per voi, e per far lavorare I soldi per voi il miglior investimento è la formazione.

Ci sono dunque investimenti passivi e investimenti attivi Come li distinguiamo?
La prima cosa è valutare la propria situazione finanziaria.
La seconda cosa è dividere gli "attivi" e i "passivi".
La ricetta è facile: Comprare i primi e lasciare perdere i secondi. Detto così sembra semplice.
Facciamo qualche esempio.
Fare un mutuo per acquistare una casa è un attivo o un passivo?
Molti penseranno che acquistare una casa è una cosa positiva...certo se la comprate in contanti.
Se fate un mutuo... avete acquisito un debito spesso trentennale dove il rischio di perdere tutto e abbastanza alto.
Pensateci un po'. Con i soldi che ogni mese mettete in bilancio passivo per il mutuo cosa potreste fare?
Esempio pratico. Facendo due conti...se per un mutuo pagate 500/600 euro al mese, per almeno 30 anni, avete un investimento passivo se invece investite 500 euro nel forex potreste ottenere il 30% di profitto (come vedremo è il giusto compenso per il proprio lavoro), considerando

l'interesse composto (ovvero re investire il 30% di utile, per ottenere il 30% più alto e aumentare il capitale).

Se pensate che operare in borsa sia operazione per pochi vi sbagliate.

Perchè l'investimento delle banche principale è la borsa? (lasciamo perdere le scelleratezze di operazioni rischiosissime fatte da banche incoscienti) Perché il rischio si può calcolare a monte.

Investire in un mutuo è un passivo, investire sulla propria istruzione finanziaria è un attivo. Un attivo non si definisce a livello verbale. Un attivo lo si definisce con i numeri, e i numeri parlano meglio delle parole stesse.

Una cosa è leggere, un'altra cosa è capire quello che si è letto. Semplifichiamo al massimo, "gli attivi ci mettono i soldi in tasca" il passivo ci toglie i soldi dalle tasche senza restituirci nulla.

Andiamo sul pratico:

Esempio 1

Il lavoro ci da una busta paga.

Dal reddito togliamo le spese: tasse, cibo, affitto, vestiti, divertimenti, trasporti.

Se siamo fortunati ci rimane qualcosa.

Se abbiamo un mutuo da pagare,(passivo) saremo costretti a dimezzare le voci "vestiti" "divertimenti".

Se utilizziamo una carta di credito togliamo le spese del costo della carta stessa (passivo). e la spesa di interesse del mutuo (passivo)

Reddito dalla professione di consulenza (non da busta paga ma da retribuzione privata o da aziende, dunque lavoro in base alla nostra conoscenza) togliamo le spese. Tasse, cibo, vestiti, divertimento.

Abbiamo casa di proprietà e diversi appartamenti affittati (attivo) abbiamo negli attivi: azioni, obbligazioni, beni immobili, diritti d'autore. (attivi)

Come vedete gli attivi portano altro capitale, e siamo partiti da un lavoro che premia "la preparazione" la consulenza.

Adesso potrete dirmi, ma l'esempio fatto è quello di una persona ricca?

Accumulare denaro non risolve il problema, il denaro porta allo scoperto i difetti umani, come dice il proverbio "il cretino e il denaro sono una cosa sola".

Non è la quantità di denaro, a fare la differenza, ma le scelte che si fanno. Non è la capacità di guadagnare che manca (studi per un lavoro, lo fai, e vieni retribuito) ma la capacità di spendere, cioè gestire il denaro dopo averlo incamerato.Cosa fare? Innanzi tutto continuare con il proprio lavoro primario, e crearsi un secondo reddito automatico.La pubblicazione di un libro è una rendita che ti arriva anche nel momento in cui non stai lavorando. Oggi con Amazon hai la possibilità di essere editore di te stesso, scrivi il libro, lo invii, amazon te lo stampa te lo vende e fate a metà del prezzo di copertina, e tutto questo potete farlo anche con una copia, prechè amazon lo stampa su richiesta, non serve investire 5000 euro per un numero di copie che rimarranno negli scatoloni. Adesso basta scriverlo e ogni mese ti arriva l'assegno a casa.

L'esempio del mutuo per la casa è un tipico investimento che ha radici profonde nella nostra cultura. Distinguere investimenti passivi da investimenti attivi deriva direttamente dalla nostra educazione, cioè se da piccoli abbiamo vissuto in modo conflittuale il rapporto con il denaro, o gli abbiamo attribuito scarsa importanza. Sapendo la reale natura dei nostri investimenti sono passivi o attivi è fondamentale per poi pianificare le nostre scelte nel campo del trading (lavoro a tempo pieno, entrata integrativa, studio e formazione, crearsi una piccola pensione).

Il secondo passo importante da fare è considerare il denaro come nostro "partner", il denaro deve lavorare per noi, e non il contrario (lavorare noi per il denaro). Se è la prima volta che senti questa definizione di certo ti sembrerà strana, ma studiando l'atteggiamento e le abitudini di imprenditori che hanno fatto successo, è proprio quello che fanno ogni giorno, Creano le situazioni in modo che sia il denaro lavorare al posto loro.

Entrare in questa prospettiva è importante, Perché nel trading non c'è limite di profitto, se fate un operazione da 100 euro o da mille l'unica cosa che cambia è il vostro approccio mentale. Se considerate il denaro un "socio" che vi aiuta e non un qualcosa da conservare gelosamente, (avendo una paura bruciante di perderlo) vi sarà più facile essere distaccati se eseguite operazioni a più zeri.

Sia chiaro, con il solo lavoro non si diventa ricchi!

LA PSICOLOGIA DEL TRADING

Quando si parla di psicologia nel trading sul forex c'è sempre un po' di scetticismo e ci si chiede come si possono conciliare il trading che si poggia sui mercati economici e la psicologia, l'equilibrio fisico mentale del trader quasi come se fosse un corso di yoga. La realtà è che il trading sul forex è un business che richiede concentrazione e un enorme self control per superare tutte le barriere mentali che si frappongono tra il trader e il successo nei mercati finanziari. Ma quali sono questi ostacoli e qual è la strada per superarli? Cerchiamo di fare un po' di chiarezza sull'argomento.

Avete presente quando si gioca a poker senza soldi? Il tipo di gioco cambia notevolmente e si tende sempre ad andare a vedere la mano dell'avversario avendo la sicurezza che tanto non si perde nulla. Quando invece si gioca a soldi diventano tutti più timorosi ed ecco che prima di compiere mosse avventate si pensa due volte. Tante volte non si rischia proprio perché la paura di perdere è più grande di quello che secondo la nostra mente possiamo vincere, così ci blocchiamo.

Queste sono barriere create dalla mente che ci impediscono di decidere in modo razionale.

Succede nello sport quando la tensione per una competizione non ci fa rendere al massimo e si va in panico commettendo errori grossolani o lo stress di un esame che mette in crisi davanti al prof facendo scena muta, sapendo bene d'aver studiato. Accade in molte altre situazioni della vita e nessuno ne è immune.

Nel trading la componente psicologica è importantissima perché si ha a che fare con il denaro e nella mente umana scattano diversi meccanismi che è bene conoscere per poterli affrontare.

La paura di perdere i propri soldi spinge a chiudere in anticipo le posizioni aperte o mettere gli stop loss troppo vicini non lasciando al trend di svilupparsi a dovere. Questo porta alla lunga ad avere guadagni troppo piccoli che non riescono a coprire le operazioni in perdita.

L'ego è un altro ostacolo per i trader. Non accettare mentalmente la perdita significa voler vincere a tutti i costi anche quando ogni elemento razionale ci è contro. E' l'ego che ci spinge a non arrenderci d'avanti all'evidenza, e molto spesso nel trading si dice "il mercato ha sempre ragione" anche se noi abbiamo fatto bene i compiti se il mercato ci è contro bisogna fare dietro front e ammettere d'aver sbagliato.

L'avidità fa sì che vorremmo catturare tutti i grossi movimenti di mercato spinti magari dall'euforia del momento. Quando si hanno dei picchi improvvisi nel mercato, specialmente quando si opera intraday si ha l'impressione di poter acchiappare il momento, ma quando entriamo in posizione è già passato e ci viene contro. Se proprio volete cavalcare l'onda bisogna anticiparli i momenti di picco e non buttarsi nell onda e farsi travolgere.

La sfiducia entra in gioco quando ci si imbatte in una serie di trade negativa e si comincia a dubitare della propria strategia, e si va alla ricerca di una migliore, e poi di un altra e di un altra ancora. Non esiste la strategia perfetta ma si può migliorare la strategia che si adatta più a noi e non abbandonarla perché non ha funzionato un paio di volte. Il mercato è imprevedibile e non dipende dalla strategia che usiamo è la sua natura è basta.

L'arroganza si sviluppa quando reduci da una serie positiva si pensa di essere imbattibili e padroni del mercato, così si commettono imprudenze come ad esempio aumentare l'investimento in modo eccessivo o fare un analisi superficiale basandosi sul proprio fiuto infallibile. E inutile dire che la delusione è dietro l'angolo e sarà cocente.

La psicologia è senza dubbio l'aspetto più importante e il più difficile da gestire per il trader e solo i migliori professionisti hanno imparato a gestire le proprie emozioni in modo freddo è distaccato.

Per fare questo occorre testare e studiare le nostre strategie in demo senza soldi reali e non basta farlo per una settimana ma ci vogliono mesi, e solo quando si hanno almeno il 70% di operazioni profittevoli, solo allora si potrà fare il passaggio con i soldi veri e partendo da piccole cifre.

Iniziare a studiare la piattaforma, provare tutti gli indicatori, tracciare le trend line, scegliere il time frame che fa per noi, che si adatta meglio al nostro stile di vita, questi non sono che una parte dei passaggi obbligati per arrivare ad avere la giusta confidenza ed aver nello stesso tempo assimilato i mezzi e i prodotti (nel caso del forex) che abbiamo a disposizione.

Tutto questo deve essere fatto con la massima "serenità" proprio perché il pericolo di operare "sotto stress" e il fattore che porta a compiere errori anche grossolani. Essere pronti psicologicamente è l'elemento che distingue chi è profittevole e chi no !

Scendiamo più nel dettaglio, proprio perchè gli errori più comuni sono sempre gli stessi, e questi errori vengono fatti sia dai neofiti che dai professionisti.

Insufficiente Gestione del rischio.

La gestione del rischio è certamente il parametro che definisce un trader profittevole da uno in perdita.

Decidere a priori la vostra strategia di rischio e non cambiarla, se avete mille euro sul conto e decidete di voler rischiare solo il 3 % del vostro capitale, dovete mantenere questo parametro indipendentemente se fate profitto o no. Il perchè è semplice, con il 3% di investimento avrete ampio margine di fare trading a profitto, ma se prima investite in 3 % poi vi va male, aumentate al 5 %, e vi va male, tornate al 2% e fate bene, vi trovate una serie di eseguiti che non hanno un equity bilanciato, anzi alti e bassi che alla fine porteranno a consumare il conto.

Il vostro primo pensiero è quello di limitare il rischio, dunque agirete con lo stop loss chiudendo parzialmente la posizione nel momento in cui il mercato si muove a favore, fino a portarla al livello d'ingresso e azzerare il rischio.

Definire attraverso un programma il 3% del investimento.

Ci sono dei programmi che vengono inseriti nella metarader4 che impostano in automatico il numero di lotti di un operazione in base al capitale e alla percentuale di rischio che si vuole inserire.

Questo significa che non sempre un numero intero (1 lotto, 4 microlotti) equivale al 3% del capitale, dunque se vogliamo investire in modo "preciso" il nostro 3 % del capitale sarà di 1,4 microlotti.

Di questo programma ne parlerò in modo dettagliato nella parte operativa di questo libro, adesso basta acquisire il concetto della gestione misurata del rischio in base al nostro capitale.

Avere e non avere una strategia (stravolgere la strategia nel momento in cui si opera in tempo reale nei mercati con soldi veri).
Questo errore significa avere fretta di inserire un ordine per avidità.
Avere una strategia testata e non applicarla per mancanza di pazienza e fretta di guadagnare.
Quando la fretta di guadagnare si impone nelle vostre scelte di trading, allora è certo che brucerete il vostro conto.
Ricordate: per fare trading ci vuole la pazienza del pescatore.

Utilizzare una leva troppo alta "sottocapitalizzazione"

Voler fare trading con 100 euro. Questo è un errore la sottocapitalizzazione
Con 100 euro fare "esercizio" non fate trading. Il perchè è semplice, non avete margine per fare più di una operazione, e il guadagno sarà poco.
Ciò non toglie che potete fare esercizio, fare test con soldi veri, mettere alla prova la vostra emotività di fronte ad una perdita o un profitto.

Se volete fare trading dovete avere un capitale di minimo 1000 euro.
Potete benissimo prenderla come una sfida, passare da 500 euro a mille, ma preparatevi a prendere un po' di "sberle" e ci vorrà del tempo e della pazienza, tanta pazienza.
Questo non significa che dovete aprire un conto con 10

mila euro e bruciarlo in un mese.

Il trading deve essere a vostra "misura" ne di più e ne di meno.

Errore n 4

Fare l'eseguito anche quando i parametri della nostra strategia non ci sono !

Questo errore si ricollega al numero 2. Avete una strategia ma tre parametri sono a favore e quattro contrari, e aprite la posizione lo stesso.

Nessuno vi obbliga ad entrare a mercato, per cui quando lo fate deve essere su una base concreta di dati che devono essere favorevoli almeno 3 su 5. e con un rischio limitato. Per contrastare l'emotività dovete essere ferrei, se i numeri non vi danno ragione non operate.

Errore n 5

Cadere sotto l'influsso della "paura" e "avidità".Paura di perdere, dunque bloccarsi, e avidità, non chiudere la posizione o esporsi troppo sono i peggior nemici del trader.Per vincere la paura di perdere bisogna accettare il rischio. Se io accetto di perdere 100 euro in un operazione che mi può fruttare 600, e ho un capitale di 3000 euro, allora sono in pace con me stesso, perchè ho calcolato il rischio-rendimento e ho messo lo stop loss, e so che ho più del 70% di fare bene. Se l'operazione andrà male sarà per un evento improvviso o qualcosa di esterno come una notizia non prevista.L'unico consiglio è fare trading per tutti i 5 giorni della settimana, in modo che "l'evento" diventi "normalità" cosi anche la "perdita" non sarà una catastrofe, ma un qualcosa che può accadere.

CONOSCI TE STESSO

Nell'ambiente del trading spesso si dice che "se non conosci te stesso, non puoi fare trading" affermazione che condivido in pieno, e personalmente proprio perché conosco me stesso adoro fare trading.

Se l'approccio al trading dal punto di vista psicologico è sbagliato in partenza, allora sarà difficile ottenere buoni risultati a lungo termine, ed è proprio per questo motivo che ho deciso di mettere in questo e book sia la

parte operativa sia la componente psicologica del fare Trading.

Conoscere se stessi significa sapere se si è impulsivi o riflessivi, se adorate lavorare nel caos o nel silenzio assoluto, se rendete di più nelle ore mattutine o dopo mezzanotte, se siete facili agli entusiasmi, si siete cocciuti o arrendevoli ecc.

Se non sapete fino in fondo in che modo reagite il trading è un ottimo metodo per scoprirlo, perché il "denaro" scatena gli impulsi "primordiali" sempre basati sul tipo

d'educazione che la famiglia ci ha imposto (anche in buona fede). Infatti dobbiamo considerare il denaro un mezzo per migliorare la nostra vita, rispettarlo ma non adorarlo, utile ma non l'unico scopo esistenziale.

Quando operiamo in piattaforma se riusciamo ad essere distaccati potremo anche arrivare a gestire grosse somme, per il forex l'operazione non cambia, potete investire 100 euro o mille euro, o diecimila euro, l'unica differenza sono i vostri nervi. Avere chiara la prospettiva del vostro target profit vi aiuterà a mantenere la misura delle cose.

FARE TRADING E' UN LAVORO

La prima regola da fissare bene in mente è che il trading è un lavoro vero e proprio! Se si è attratti dalla possibilità di fare soldi facili in modo veloce siete fuori strada.
E vero che ci sono operazioni che si chiudono in giornata, anche in poche ore e che portano profitto, ma è anche vero che dietro ad un operazione di trading ci sono ore e ore di studio e di esperienza sul campo. Se si considera il trading come una lotteria e si basa tutto sulla fortuna allora quasi certamente si perderà la maggior parte del capitale senza rendersi conto di quello che è successo.
Se vi fate ingannare dalla pubblicità del professionista che stà sotto l'ombrellone in una spiaggia bianca tropicale a fare trading con una bibita in mano, allora siete lontani anni luce dalla verità, e con questo non dico che non si possa avverare come sogno ma di certo non si parte in quel modo e con un investimento di 100 euro, dunque diffidate di tali pubblicità.

Consideriamolo invece un lavoro (dal lunedì al venerdì) con i suoi orari (8:00 12 30 / 14.00 18:00 rispettivi orari delle borse europee e americane) il profitto da raggiungere (1.500 euro mensili).

Con un nostro ufficio, o angolo in casa adibito al trading, dove mettere computer e blok notes lontano da eventuali distrazioni e chiassi casalinghi.
Un posto luminoso e areato.
Decidere il nostro impegno, un paio d'ore la mattina, o con un turno anche pomeridiano, e lo dobbiamo decidere in base al nostro "carico di stress", se desideriamo cambiare lavoro o incrementare solo le nostre entrate,

dobbiamo rendere il trading un esperienza lavorativa "felice" anche perché dovremo prendere decisioni che saranno importanti per il nostri investimenti dunque che portano in se una buona dose di stress, accumulare stress su stress porterà al disastro. Se ad esempio in una fase d'entusiasmo iniziale ci carichiamo di troppe ore, sarà più facile sbagliare, e alle prime perdite la prima cosa che la nostra mente vuole è "recuperare" dunque insisteremo in operazioni sbagliate (magari stiamo andando contro trend seguendo una nostra convinzione) perdendo ancora denaro e cadendo in uno sconforto che ci farà dire che il forex non funziona!

Dobbiamo essere coscienti del nostro carico di stress che possiamo assorbire in modo "naturale" e in base al nostro orologio biologico definire i nostri orari di trading e i nostri obiettivi.

IL TRADING DEVE MIGLIORARE LA VITA

Nel Trading il 90 % è psicologia e il 10 % è tecnica, fare trading in situazioni di "stanca" è deleterio. Addirittura possiamo pensare di fare trading non per guadagnare ma per conoscere noi stessi, conoscere come reagiamo alle perdite o se ci facciamo coinvolgere troppo da un guadagno, avere il controllo della parte emotiva e separarla dalla logica, proprio perché il lavoro del trading consiste nel portare il 50% delle probabilità iniziali (visto che di base si ha il 50% dovuto al fatto che le monete possono o salire o scendere, dunque anche tirando una moneta in aria avremmo sempre il 50% di probabilità di fare bene), a nostro vantaggio fino ad arrivare ad un 70% o 80% .
per fare questo ci viene in aiuto la tecnica, l'analisi dei grafici e la nostra esperienza.
Fare Trading, e qui sfatiamo una credenza, non è speculare sulle disgrazie degli altri. Se noi compriamo o vendiamo innanzitutto diamo movimento al mercato e "vendiamo" (o compriamo) un prodotto che farà guadagnare qualcun altro, sempre in base alla sua strategia.
Così come non sono responsabili le altre persone delle nostre strategie di trading, così noi non siamo responsabili delle loro.
In parole povere il guadagnare o no dipende dalle scelte fatte e non perché noi stiamo sottraendo qualcosa ad un altra persona.

In che modo si può essere distaccati e non farsi prendere dalle emozioni quando facciamo trade?

SEGUIRE UN ORDINE CRONOLOGICO

L'analisi di trade si forma attraverso una serie di segnali che concordano l'andamento del trend tra di loro e per non perdere il filo durante le nostre analisi seguiremo una scaletta di controlli/analisi, e solo dopo aver raccolto tutti i dati a nostra disposizione prenderemo la nostra decisione, e dovremo mantenerla fino alla fine. Cambiare in corsa una strategia non porta a nulla, avete mai provato ad inseguire due conigli?
Vediamo brevemente in cosa consiste seguire una scaletta cronologica.

Innanzitutto l'impatto emotivo di chi inizia e che dopo aver studiato e aver compreso in linea teorica il funzionamento dei mercati, una volta di fronte ai grafici si sente SOLO!
Se si perde la sicurezza delle proprie strategie è meglio chiudere il computer e riprovare in un secondo momento.
Per questo avere una scaletta da seguire vi aiuterà a non perdervi.

Prima fase

Per prima scegliere il cross monetario, analizzare 3 time frame differenti, in modo da avere un quadro più completo. Inserire la media mobile semplice, che mette subito in chiaro se il trend e rialzista o ribassista.

Tracciare le trend line, verificare la vicinanza di supporti o resistenze importanti.
In caso di fase statica del mercato inserire le bande di bollinger, per verificare la volatilità.
Seconda fase, analisi delle candele, decidere se entrare a mercato o aspettare. Inserire gli indicatori

prevedere un possibile rintracciamento, calcolare lo stop loss e il target price inserire l'ordine in piattaforma (preferibilmente pendente) controllare che l'ordine sia in piattaforma chiudere il computer.

La parte più importante è proprio chiudere il computer alla fine, essere decisi e consapevoli sulle proprie scelte e non pensarci più (almeno fino al giorno dopo). Se non si fa uno stacco netto dopo magari un paio d'ore di analisi dei mercati, si rischia di ritornare sui propri passi e farsi prendere dai dubbi e modificare la strategia rischiando così di sbagliare.

Vedremo tutto in dettaglio più avanti nelle schede operative. Adesso andiamo avanti.

LA PERDITA E' FISIOLOGICA

L'accettazione della perdita è l'elemento più complesso da dominare, solo la fiducia sulla nostra conoscenza ci mette al riparo da possibili sbagli emotivi.
Facciamo l'esempio di aver investito 100 e aver messo come target 130, mettiamo l'ordine sulla piattaforma, aspettiamo e tutto procede bene, facciamo un profitto di 120, il primo istinto è quello di chiudere l'operazione finché siamo in attivo, anche se dalla nostra analisi risulta che potrebbe salire ancora.

Operazione inversa, investiamo 100 andiamo in perdita di 120 il nostro istinto ci dice di lasciare la posizione aperta perché "può recuperare" non considerando che il più delle volte la situazione peggiorerà, proprio perché ci troviamo in un cambio di trend, ma la nostra mente "non accetta la perdita" il rifiuto di avere una perdita può portare ad avere perdite maggiori. Dunque così come per eccesso di "avidità" abbiamo chiuso in anticipo l'operazione dove eravamo in attivo a maggior ragione dobbiamo chiudere le operazioni in passivo e non sperare in una rimonta al 90esimo. Definire con calma la nostra strategia e mantenerla fino alla fine alla lunga ci porterà solo dei vantaggi, Non dobbiamo considerare la perdita come una tragedia, ma come un evento fisiologico e quello che ci può salvare e mantenere la giusta proporzione.
Non investire più del 2% del capitale, e mettere lo stop in rapporto 1/3 quando è possibile oppure due volte ATR.

rapporto perdita/profitto 1/3

per proteggere il nostro investimento abbiamo dalla nostra parte lo stop loss cioè il livello di prezzo massimo di perdita, e in un operazione dobbiamo calcolare il profitto per 3 volte la distanza dello stop dall entrata in posizione. E più importante concentrarsi sullo stop che sul profit.

La verità sulla gestione del rischio che "il rischio" è soggettivo, ma non bisogna fare l'errore di buttare numeri a caso. Se io per ogni operazione voglio rischiare solo il 3% del capitale, devo essere sicuro dei lotti o microlotti che rischio. Poniamo diversamente la domanda, a quanti micro lotti corrispondono al mio 3 % del capitale? Risposta: Boh? Di solito si è portati a pensare per numeri interi, cioè un lotto, un microlotto, ma il 3% non corrisponde mai ad un numero intero. In questi casi ci viene in aiuto un indicatore il T code Manager, (nell'immagine sopra) che inserisce tre linee orizzontali blu (bid) verde (profit) rosso (stop) che possiamo posizionare direttamente sul grafico e spostare a piacimento cliccandoci sopra come tutte le trend line della metatrader4. La cosa più interessante che nella schermata delle impostazioni possiamo mettere la percentuale di rischio e il programma farà il calcolo dei microlotti o lotti di esposizione che possiamo permetterci rischiando solo il 3 %.

Il T code è disponibile per tutti i clienti Swissquote gratuitamente.

LA GESTIONE DEL CAPITALE

Quello che divide un bravo trader da un principiante è la gestione del capitale. La regola vuole che non bisogna investire più del 2 % del capitale.
Perchè è così importante la gestione del capitale? Perchè facendo male i conti potete perdere tutto senza rendervi conto di quello che stà succedendo.

Avete sentito dire che comunque vada il mercato si hanno il 50% delle possibilità di fare bene. E vero, però è anche vero che la matematica ci va contro, infatti in un trade andato a buon fine non prenderemo mai il 50% di guadagno ma sempre un 20% o 30%, e non tutte le trade andranno a buon fine, è possibile che ci si trovi ad avere una fila di trade negative (3 o 4 di seguito) ma seguendo una buona disciplina riusciremo a recuperare (senza sbatterci la testa, infatti il peggiore errore quando si ha una serie negativa è continuare a tradare con l'idea di recuperare subito, ottenendo solo di fare un disastro totale).
Innanzitutto dobbiamo contare su di una strategia che funzioni almeno il 60% delle volte (sulle strategie ho scritto un capitolo specifico più avanti) dunque il 60% significa che su 10 trade 6 sono positive, e per ogni trade guadagno 100 euro, alla fine dei conti avendo 2000 euro in conto mi ritroverò con 2200 euro (guadagno 600 di trade positive, ne perdo 400 di trade negative, ottengo 200 netto di guadagno, mantenendo invariato il mio capitale di 2000 euro).

Ma se alzo la posta e rischio per ogni trade 500 euro allora se si verificano 4 trade negative avrò perso tutto.

Dobbiamo sempre preservare il capitale per continuare a fare trading, e ogni volta che il capitale aumenta, aumenterà la portata delle nostre posizioni (sempre con le giuste proporzioni), è la regola del capitale composto.

Un ultimo avvertimento, fate sempre i calcoli sui lunghi periodi, non bastano 3 trade per affinare una strategia, almeno contate 10 / 15 trade e analizzate sia le trade positive che gli errori fatti. Una singola perdita non deve costituire una tragedia, anche se infiliamo una serie negativa, e non dobbiamo cambiare strategia ogni volta che le cose non vanno bene, altrimenti saremo sempre alla ricerca della ricetta perfetta, che non esiste.

Ma in pratica quanti soldi ci vogliono?

Tenendo presente che le piattaforme permettono di negoziare con i mini lotti, e un mini lotto equivale a 50 euro, per mantenere la regola del 2% dovremo avere in conto 2500 euro. Ma chi inizia difficilmente "si fida" a mettere 2.500 euro in conto da subito, allora come si fa? L'ideale sarebbe partire con mille euro, fare un operazione per volta e operare con i mini lotti, con 500 euro dobbiamo essere molto cauti, o meglio come ho già scritto stiamo facendo "esercizio" accettando l'idea di guadagnare o perdere cifre che vanno sui dieci/venti euro.

E' più difficile passare da 0 a 500 euro di guadagno al mese, che da 500 a mille, si spiega da se, avendo più margine si fa trading con più tranquillità e si assorbono meglio i colpi.

SCEGLIERE UNA STRATEGIA

Strategia significa un insieme di regole che indicano quando entrare a mercato, e quando uscirne, incassando i profitti. I soldi si fanno quando si chiude una posizione, e non quando si entra.

Non esiste una strategia per tutte le situazioni, il mercato cambia e se noi non cambiamo ci travolge.

Il Mercato ha sempre ragione. Qualunque sia la vostra strategia se il mercato va in una direzione (contraria alla vostra) non ci sono scuse, ha ragione, e prima accettate che siete in errore meno soldi perderete.

Quello che dobbiamo fare è portare i dati statistici dalla nostra parte. Se in passato una situazione ha portato un andamento (al rialzo), riconoscendo che la stessa situazione si può verificare un altra volta, allora entriamo a mercato e sfruttiamo il vantaggio statistico.
Queste informazioni le abbiamo dall'analisi tecnica, dalla formazioni delle candele, dai pattern, ecc.

Andiamo a vedere quali sono le più comuni strategie che si possono usare.

Strategia di Breakout (Candele)

la strategia è quando le candele si trovano in un momento di congestione,
quando vanno a zig zag, e si prevede che prima o poi debbano rompere, si entra a mercato nel momento di "rottura" magari facendo attenzione che non si tratti di un piccolo "sforamento" e i prezzi tornano a fare zig zag.

Se il breakout è valido ci troveremo in un bel trend, e come se si fosse caricata una molla e una volta rotte le barriere schizzasse via.

La strategia di breakout si applica molto bene nelle ore notturne quando sono aperte solo le borse asiatiche, la volatilità è molto bassa e spesso il mercato è in fase di range, con l'apertura delle borse europee questa fase tende a spezzarsi dunque a fare breakout.

Strategia trendfollowing

Si segue il trend, questa è consigliata per chi inizia, quando si vede che i prezzi hanno preso una direzione precisa, si cavalca l'onda, (l'immagine più comune e quella dei surfisti). L'unica difficoltà è uscire in tempo, prima che l'onda finisca il suo impeto e ci venga addosso, (da rialzista a ribassista) vanificando il nostro guadagno).

Strategie counter-trend

Sono la trappola dei principianti, questa strategia si applica quando il trend fa un rintracciamento e si "va contro trend". Il momento in cui i prezzi rintracciano non è mai chiaro dunque è difficile prendere il punto d'entrata giusto. Il guaio succede quando "sembra" un rintracciamento (short) ma dopo poco, il trend continua per la sua strada (long) e ha intenzione di farne parecchia di strada. Entrati a mercato nel momento sbagliato ci troviamo di fronte ad una perdita continua, e speriamo che il vento cambi, ma non succede, cosi bruciamo parecchi soldi.

Mai andare contro trend ! Scrivetelo a chiare lettere. Lasciate il "contro trend ai professionisti.

Il Mercato è range o trend?

Il punto è proprio questo, i trader aspettano il trend per entrare a mercato, ma per la maggior parte del tempo il mercato è range, per questo è importante identificare con esattezza in che fase si trova il mercato e quale strategia applicare. Non c'è niente di peggio che applicare la strategia sbagliata alla fase (di mercato) sbagliata

AVERE 1 STRATEGIA CHE FUNZIONA O ADOTTARE UN METODO?

l'obiettivo di questo libro è quello di indicare un metodo e non una strategia vincente. In rete si trovano tanti "consigli" per fare soldi in fretta con strategie di trading miracolose, ma spesso si rivelano delle bufale.

Anche con le migliori intenzioni una strategia non funzionerà sempre, bisognerà cambiare, invece è importante acquisire un metodo di lavoro, seguire una scaletta cronologica di operazioni da fare, affidarsi ad un punteggio qualità dei segnali ottenuti dagli indicatori. Questo concetto l'ho ripetuto più volte e non mi stanco di ripeterlo, perchè è importante superare l'empasse psicologica e mantenere la lucidità di giudizio.

I grafici sono uguali per tutti ma ogni trader ne darà un interpretazione diversa (anche di poco). Riassumendo: UNA strategia non vi farà diventare dei bravi trader, acquisire un metodo di lavoro (e praticarlo quotidianamente) farà la differenza.

ANALISI TECNICA

I MERCATI E I CICLI

Il mercato si ripete, e la sua ciclicità, può essere prevista semplicemente andando a cercarla nel passato, e il passato dei mercati lo troviamo nei grafici.
Per comprendere la ciclicità possiamo introdurre il concetto di time frame, proprio perché la sua importanza è fondamentale. Il primo errore che si compie per un

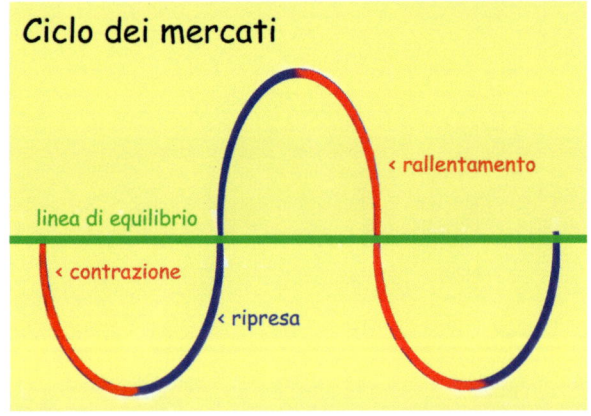

principiante è entrare in piattaforma è operare con i grafici ad "un minuto", proprio perché si vedono le candele che si muovono I prezzi che salgono è si ha la sensazione di essere in gioco. Il problema che il "gioco" sul time frame ad un minuto è proprio il più pericoloso, perché il mercato è soggetto a brusche variazioni e spesso imprevedibili. Operare invece su un grafico a "un ora" si ha il modo di riflettere bene, ponderare la propria strategia, e non dover rimanere ncollati allo schermo per seguire l'andamento del cross monetario.

Infatti dal punto di vista operativo conviene visualizzare il time frame ad un ora, quello a 4 ore, e quello giornaliero, e operare su quello a 4 ore, cioè quello centrale, scegliere sempre il time frame centrale, in modo da avere, il time più veloce per vedere come si sta orientando, il time più lento, e mettere l'ordine sul time "di mezzo" avendo una visione più completa.

Ogni ciclo ha in se un ciclo più grande o più piccolo, come le matrioske

time frame

fare operazioni sempre sul time frame mediano

Entrano in gioco diversi fattori. I mercati sono collegati tra di loro, le obbligazioni, le materie prime, le monete, le azioni, considerando che per ogni contrazione del mercato corrisponde una successiva ripresa, (come da disegno) un picco e un successivo rallentamento. Tutto questo è dovuto al comportamento degli investitori che in una fase di contrazione preferiscono investire in prodotti più sicuri, invece quando c'è una ripresa sono portati ad investire di più spinti dall'entusiasmo fino ad arrivare all'esaurimento del trend.

i cilci del mercato contengono in se
ulteriori cicli più piccoli

day

4 ore

1 ora

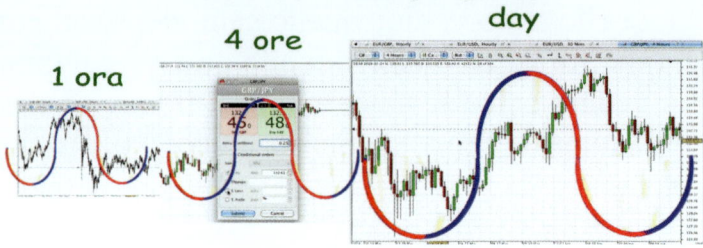

come nel time frame

Le fasi del mercato sono sostanzialmente 4

1 accumulazione, 2 trend rialzista, 3 distribuzione e 4 fase
ribassista

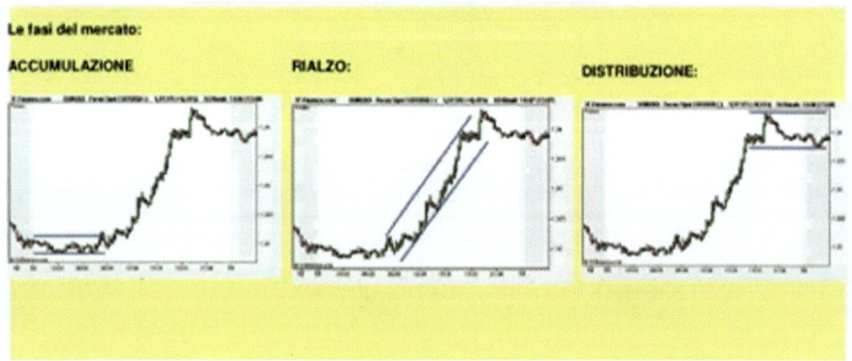

(nell'immagine sono riportate le prime tre, visto che il
trend si può rivelare sia ribassista che rialzista)

La parte emotiva/psicologica degli investitori viene suddivisa in due parti.
La fase di ottimismo viene chiamata *Risk on*, mentre la fase di pessimismo *Risk off*.

comportamento dei mercati/investitori

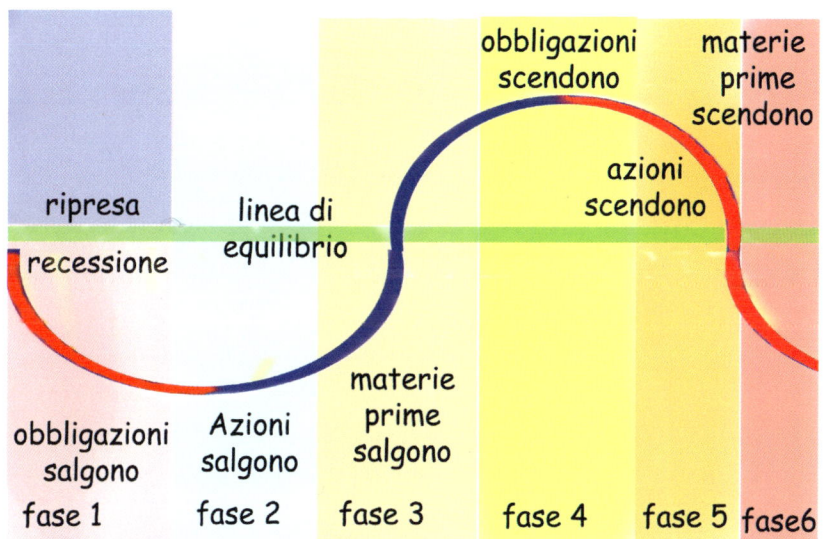

l ciclo macroeconomico si divide essenzialmente in 6 fasi.
La fase 1 è una contrazione del mercato
(si tende e prediligere prodotti finanziari poco rischiosi)
la fase 2 recessione, il punto più basso
la fase 3 iniziano i primi segnali di ripresa, salgono le azioni e le materie *prime*

la fase 4 è 5 il top del mercato
dalla fase 5 inizia un'inversione
nella fase 6 inizia una nuova recessione.

Lo stessa cosa accade nelle monete dunque nel forex, la salita di una moneta corrisponde ad un inversione di trend di un altra. Tutti i mercati sono **correlati** tra di loro. Operando nel forex ci occuperemo principalmente delle coppie di monete più solide, ovvero che hanno un mercato importante, diciamo le più famose, diventa cosi fondamentale conoscere queste correlazioni.

La coppia principale è euro/dollaro americano dunque: eur/usd mettendola in relazione con la sterlina (GBP) franco svizzero, (CHF) dollaro. canadese,(CAD), e lo jen (JPY), avventurarsi oltre si potrebbe riscontrare o una bassa volatilità o imprevisti cambi di rotta.

In che modo si misura il rapporto di correlazione tra le monete?

Esiste l'indice statistico che ne misura l'intensità è prende il nome di *coefficiente "r"*.

se "r" è maggiore di zero la correlazione è **diretta** (aumentano entrambi)

se "r" è minore di zero è **inversa** (una aumenta e l'altra diminuisce)

se "r" è uguale a 1 la correlazione è perfetta positiva (si muovono nella stessa direzione in modo perfetto)

se "r" è uguale a − 1 è perfetta negativa (si muovono i modo perfetto ma in opposte direzioni)

Senza stare ad impazzire per cercare ogni volta le singole relazioni è importante assimilare il concetto e di volta in volta prendere appunti sui trade che seguiamo (e bene concentrarsi su due o tre coppie di monete alla volta, altrimenti si rischia il caos).

Con il tempo incominceremo a conoscere i comportamenti delle monete e le loro relazioni, tenendo sempre ben presente che in ogni caso il mercato può essere imprevedibile ed ha sempre ragione.

LE FORZE DEL TRADING

Di cosa stiamo parlando? Quali sono le forze che muovono
il trading?
Tutto quello che ci serve è racchiuso nelle candele di un
grafico.
Guardiamo meglio.

Il forex non è altro che comprare una moneta ad un prezzo
e vendere la moneta accoppiata ad un altro prezzo. Si dice
compro Euro e vendo Dollari, nella differenza dei due
prezzi c'è il mio guadagno o la mia perdita.
La differenza tra compratori e venditori è visualizzata dalle
candele nei grafici.

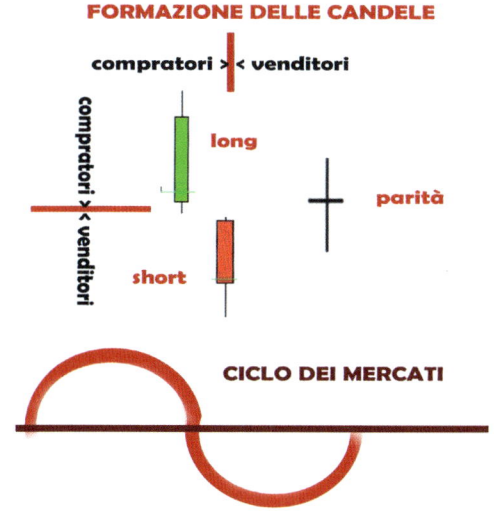

Di solito quando una candela è rialzista ha il colore verde,
quando è ribassista è di colore rosso.

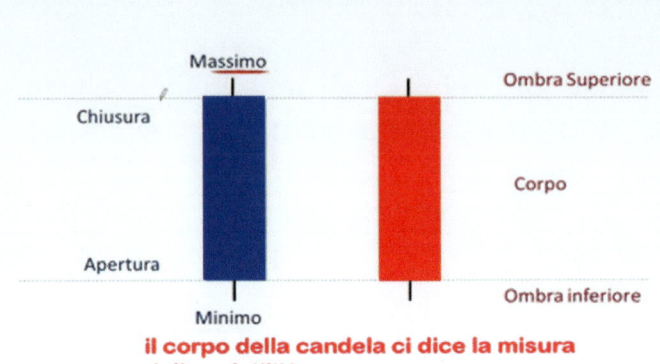

il corpo della candela ci dice la misura della volatilità

La candela è formata da apertura è chiusura, e dal massimo e dal minimo dei prezzi, la parte colorata è il corpo della candela, che rappresenta la volatilità, mentre la linea nera si chiama ombra e definisce il massimo e il minimo dei prezzi.

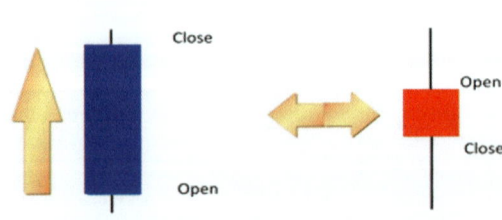

Il time frame si riferisce alla formazione di UNA candela, (es. un time frame di 15 minuti significa che ogni candela rappresenta 15 minuti di contrattazioni.

Una candela con il corpo pronunciato significa una forte attività di mercato, mentre un'ombra lunga e un corpo piccolo è sintomo d'indecisione.
L'ombra ci dà informazioni sul limite del prezzo dove probabilmente toccherà un livello di supporto.

Le candele più importanti sono le doji che indicano un inversione di tendenza. In questa candela i compratori e i venditori hanno la stessa forza (anche intesa come non-forza o immobilità) per questo la candela non ha corpo. Questa forte indecisione implica un cambio di tendenza.

Long Legged   Gravestone   Dragonfly

le candele più forti d'inversione

le candele doji sono il segnale più forte d'inversione

esempio d'inversione di una doji

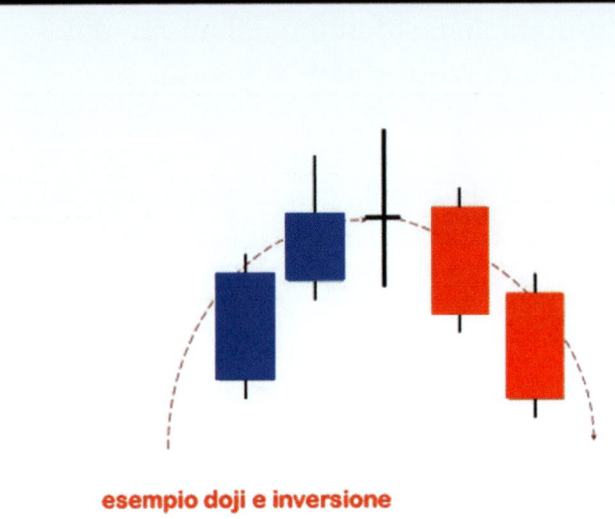

esempio doji e inversione

La seconda candela più importante e detta hammer (martello) ombra lunga solo da un lato, e corpo piccolo senza ombra nella sua parte estrema.
Anche questa candela è sintomo d'inversione.

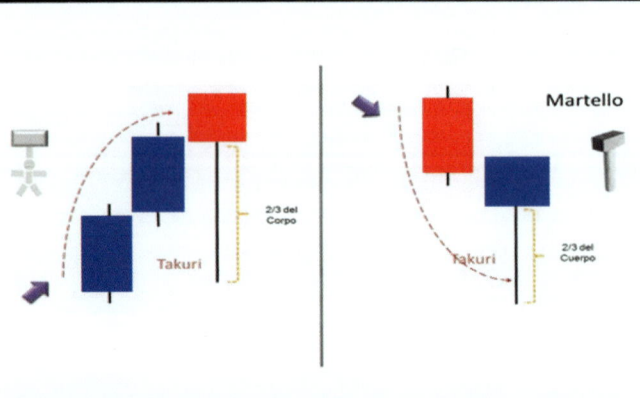

Ho evidenziato subito queste due tipo di candele, perchè saranno il nostro punto di riferimento quando dovremmo decidere se fare un operazione rialzista o ribassista, la candela è ciò che il mercato ci stà dicendo, la sua forza, la volatilità e la direzione. Succede spesso di dimenticarsi che è la candela il pezzo più importante, e ci si concentra su indicatori, oscillatori e sistemi automatici, spesso poi avere tantissime informazioni che possono generare confusione. Fate cose semplici.

COME SI LEGGONO I PREZZI

Ogni candela ha una sua apertura e chiusura, e sul grafico i livelli di prezzo li vediamo sul lato destro

Il prezzo attuale è quello scritto bianco con lo sfondo nero, gli altri prezzi rappresentano i possibili livelli sia al rialzo che al ribasso.

La distanza tra i livelli di prezzo si misura in "pip", e spesso sentirete dire "ho fatto un eseguito di 50 pip".

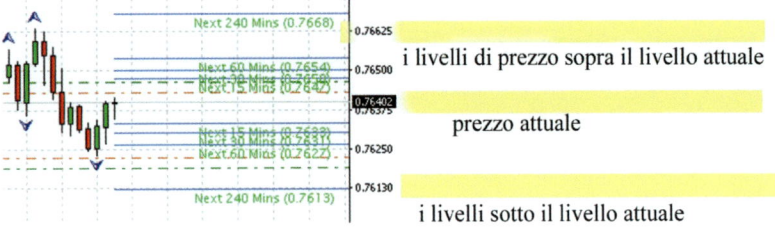

Nella piattaforma "la distanza" si misura anche in "punti", "un punto e mezzo equivale ad un pip".

1.08743

questo è un esempio di prezzo

per calcolare i pip dobbiamo considerare dalla terza alla quinta cifra.

874

se vogliamo fare un operazione che abbia un target (profitto) di 30 pip dobbiamo scriverlo così.

874+30 =904

per cui il nostro prezzo di target sarà così

1.09043

La stessa cosa se dobbiamo mettere uno stop a 20 pip, faremo la sottrazione del prezzo attuale meno 20. L'ultima cifra sono i decimali e non li consideriamo.

Per definire un operazione di quanti pip dovremmo mettere ci serviremo di uno strumento molto semplice ma molto efficace ATR.

L'ATR è un oscillatore che trovate in ogni piattaforma che definisce
l' average true range, ovvero la volatilità di uno strumento finanziario.

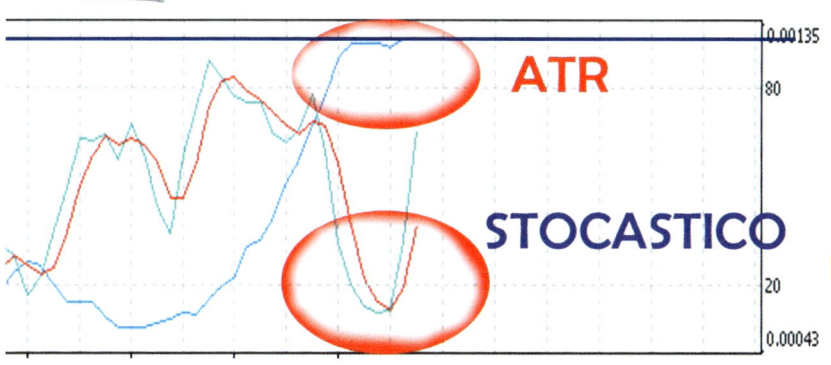

L'ATR è la linea azzurra nel cerchio rosso, che in questo grafico vediamo insieme allo stocastico, e il suo livello sarà il livello di volatilità, che molto banalmente possiamo definirla "la velocità di scambi sul mercato", più alta è la velocità più scambi ci sono.

Come utilizzare l'ATR?

Mettiamo l'ATR sulla piattaforma, tracciamo una retta sul punto finale della linea, e leggiamo il numero che sarà 000342, non consideriamo l'ultima cifra, avremo dunque 34, che sono i pip di volatilità in quel momento.
Nel mettere un ordine dobbiamo considerare un target e uno stop (ne scriverò più dettagliatamente più avanti) la regola vuole che lo stop non sia inferiore a DUE volte l ATR. La logica è semplice, se noi non volgiamo che lo stop venga preso lo dobbiamo mettere ad una distanza "giusta" che non sia troppo vicino e neanche troppo lontano, e questa distanza la prendiamo dall'ATR, UNA ATR significa che il mercato toccherà lo stop,
DUE ATR è la misura giusta, perchè per toccare lo stop dovrà raddoppiare la volatilità, e questo succede solo in rari casi.
Perchè soffermarsi sull ATR ? Perchè cosi noi non mettiamo dei numeri a caso, ma facciamo un operazione seguendo quello che ci dice il mercato in quel momento, la prima differenza tra un neofita e un professionista è proprio questa, seguire quello che il mercato ci indica con numeri precisi e riferimenti concreti.

LE FIGURE PATTERN

Con lo studio dell'analisi tecnica gli analisti tecnici hanno imparato a distinguere particolari formazioni dei prezzi che statisticamente producono determinati movimenti di mercato. Le formazioni si dividono in due grandi gruppi: **figure di inversione** e **figure di continuazione.**

LE FIGURE D'INVERSIONE

Nello studio nelle formazioni delle figure nei grafici ci sembra tutto semplice quando le guardiamo, chiunque riesce a riconoscere un triangolo, un rettangolo guardandolo su un libro di analisi tecnica, ma il nostro lavoro è quello di intravedere una figura nel mentre si sta formando, per questo dobbiamo mettere in relazione più dati per definire un determinato pattern.
Per questo quando si individua una figura che si sta delineando è importantissimo aver presente il contesto in cui ci si trova.

Infatti una figura di inversione che si forma in corrispondenza di un livello chiave di supporto o resistenza assume un significato molto più importante di una figura simile al centro di un range che invece ha una rilevanza molto minore.

Testa e spalle (o *head and shoulders* in inglese) è molto probabilmente la figura di inversione più conosciuta. Il nome deriva della conformazione del grafico formato da tre oscillazioni dei prezzi. Quelle laterali, più piccole, rappresentano le spalle, mentre quella centrale più pronunciata, rappresenta la testa. In un trend rialzista può segnalare la fine di un trend e l'inizio di un'inversione di tendenza.

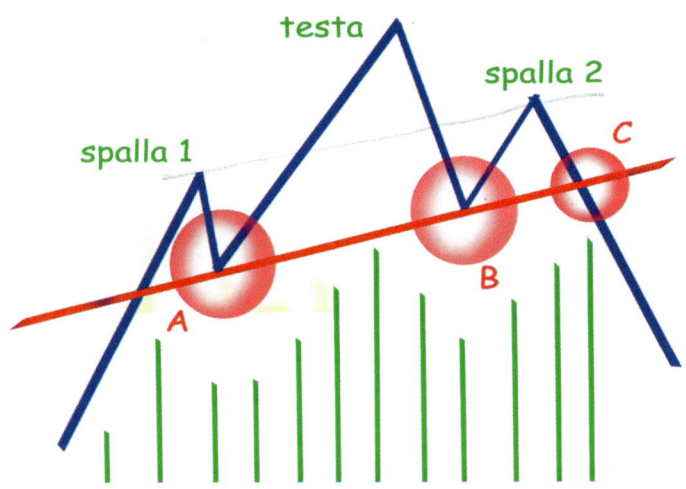

Per definizione un trend rialzista è costituito da una serie di massimi e minimi crescenti. Un possibile sviluppo di una figura Testa e spalle si comincia a profilare quando dopo il picco della testa, la trendline diagonale che collega i minimi del trend rialzista viene rotta e il nuovo minimo arriva in corrispondenza del minimo precedente, come contrassegnato dalla linea tratteggiata orizzontale (neckline). Questo è un primo segnale di indebolimento del trend rialzista. Successivamente il prossimo massimo, quello corrispondente alla spalla destra, non raggiunge il massimo precedente, quindi viene definitivamente rotta la definizione del trend rialzista che vuole massimi e minimi crescenti. A questo punto diventa cruciale verificare la reazione dei prezzi in corrispondenza della neckline. Perché la figura di inversione venga confermata, occorre aspettare una rottura della neckline e un retest della stessa come resistenza.

Se questo avviene, il target al ribasso viene misurato proiettando dalla neckline verso il basso la distanza tra la neckline stessa e la testa della figura.

Questa figura è abbastanza facile da scorgere in questa forma come **interruzione di un trend rialzista.**

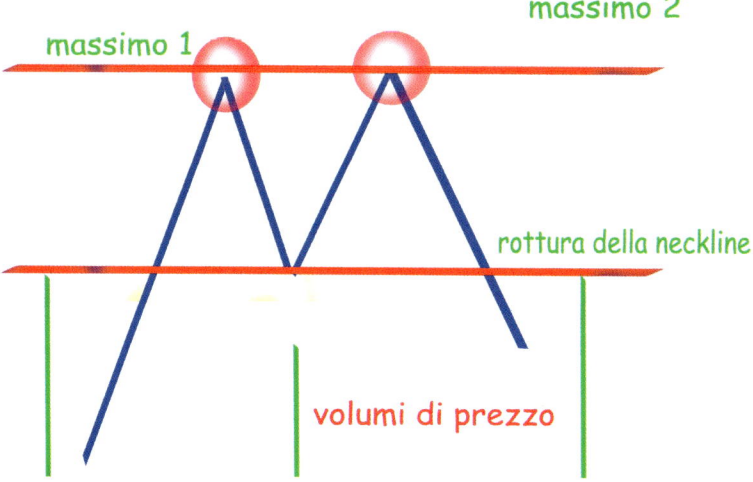

Doppio top o doppio bottom rappresentano altre figure di inversione molto conosciute e facilmente individuabile nei grafici. Il doppio top si può verificare in un uptrend quando i prezzi non riescono a superare il massimo precedente. Questo dà origine alla nascita di una resistenza in corrispondenza dei due massimi che viene giudicata troppo forte per essere superata. La sensazione di aver raggiunto il vertice può portare i prezzi a scendere perché vengono meno le ragioni per mantenere o aprire posizioni lunghe, il che fa aumentare la pressione ribassista. Tuttavia, perché la figura venga confermata, bisogna aspettare un retest della parallela della linea che collega i due massimi passante per l'ultimo minimo, come rappresentato in figura. Il discorso simmetrico vale per il doppio bottom

LE FIGURE DI CONTINUAZIONE

Di seguito verranno elencate le principali figure di continuazione che indicano una pausa del trend principale in essere. Non è detto che queste figure portino alla sicura continuazione del trend quindi bisognerà sempre aspettare una rottura della figura in direzione del trend principale e un test per avere la conferma della reale ripresa del trend.

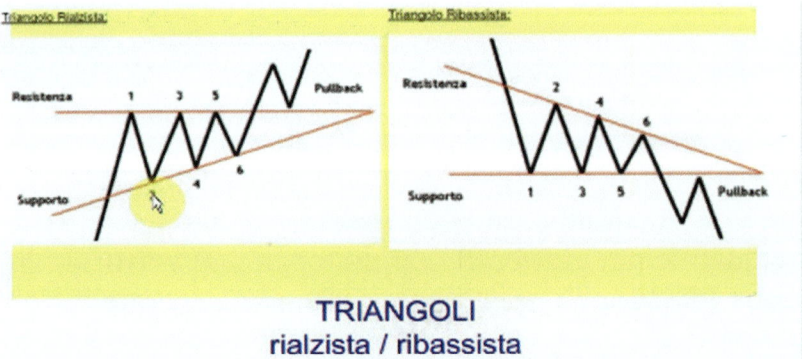

TRIANGOLI
rialzista / ribassista

I triangoli sono figure di continuazione che presentano le trendline convergenti che li delimitano. Se ne individuano tipicamente di tre tipi:

simmetrico, ascendente e **discendente**.
Il triangolo simmetrico è costituito dalla trendline inferiore ascendente mentre quella superiore è discendente. Il triangolo ascendente è più tipico nei trend rialzisti e presenta la trendline inferiore ascendente, mentre quella superiore è orizzontale. Infine il triangolo discente si individua più facilmente in trend ribassisti ed ha la trendline inferiore orizzontale e quella superiore discendente. Queste figure hanno più probabilità di essere rotte nella direzione del trend originario ma è importante aspettare una conferma di ciò con la rottura di una delle trendline e il retest dall'altro lato della stessa come si vede nelle figure sottostanti.

Le bandiere o pennant sono invece delimitate da **due trendline parallele e** assomigliano a dei parallelogrammi. Sono comuni nella fasi di esaurimento temporaneo di un trend quando i prezzi rintracciano momentaneamente prima di continuare nella direzione del trend principale.

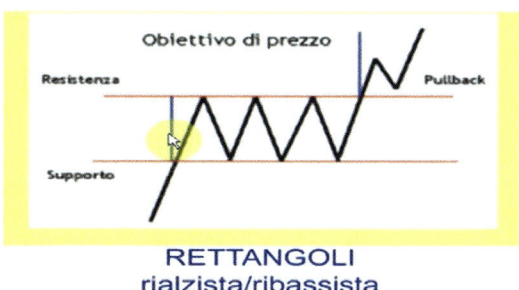

RETTANGOLI
rialzista/ribassista

I wedge e i rettangoli sono una variazione dei triangoli e dei pennant.
I wedge sono dei triangoli che hanno un'inclinazione opposta al trend mentre i rettangoli sono composti da due trendline parallele e orizzontali.
Entrambi sono presenti in trend rialzisti e ribassisti indistintamente

I GRAFICI E LE CANDELE GIAPPONESI

Le candele giapponesi non sono altro che la rappresentazione grafica dell'apertura e chiusura e il picco dei prezzi nel time frame di riferimento.

In un time frame da un minuto, ogni candela rappresenta la distanza tra il prezzo di chiusura e di apertura in un minuto di tempo.

Ogni candela è formata da un corpo, (la parte solida) e da un ombra (shadow) cioè la linea che si trovano sotto o sopra la candela stessa, cioè il prezzo massimo e il prezo minimo nell'arco di tempo del time frame.

Le giornate operative si suddividono in due categorie

le **Range Day** consolidamento dei prezzi che si muovono lateralmente, le forze si equivalgono la volatilità e i volumi si comprimono.

Sono la premessa per un movimento direzionale del mercato.

le **Trand Day** sono direzionali ribassiste/rialziste, partono da una rottura di qualche supporto resistenza importanti.

Per avere l'andamento del mercato lo possiamo visualizzare attraverso I grafici e le candele. Le più usate sono appunto le candele giapponesi

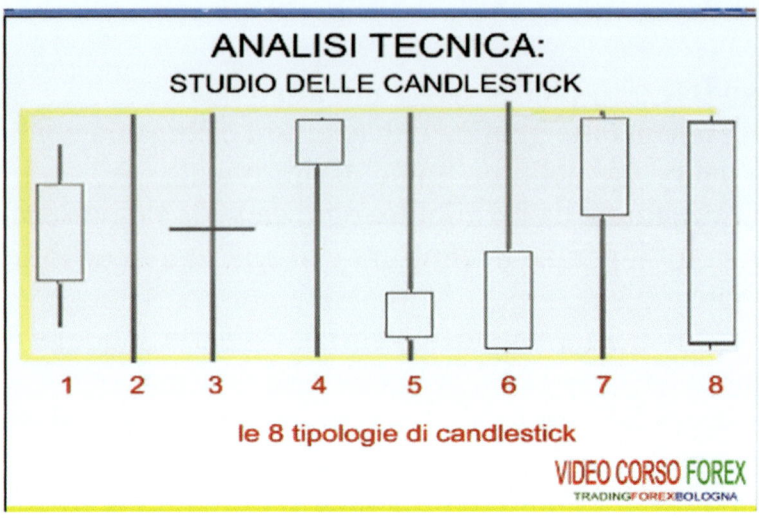

Le candele posso essere o rialziste (di solito bianche o azzurre) o ribassiste (nere o spesso rosse). Analizzeremo le più importanti.

Le candele doji

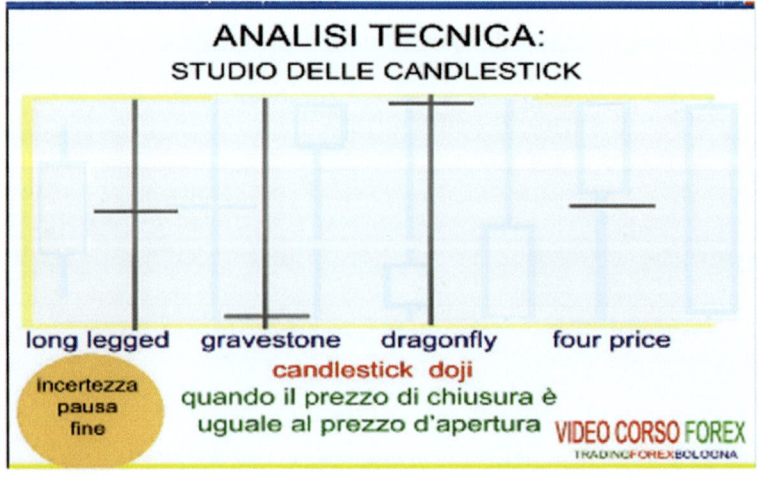

Le candele doji sono delle candele senza corpo dove il prezzo d'apertura coincide con il prezzo di chiusura, dunque si vedrà solo la linea (shadow) dei prezzi
Indica sostanzialmente una pausa/incertezza del mercato, per questo dobbiamo attendere la candela successiva, che A) confermerà il trend o inizierà un inversione.
Di solito queste pause non durano molto, molto spesso significa che I compratori/venditori sono in attesa di una notizia finanziaria che confermi
le aspettative vediamo quali sono:
Long legged equilibrio delle forze compratori e venditori sono tornati sui valori iniziali
Gravestone candela di inversione ribassista
Dragonfly è l'opposto della gravestone inversione rialzista
Four prices tutti i prezzi chiusura apertura massimo minimo coincidono è una figura poco ricorrente significa liquidità del mercato ai minimi termini.

LE CANDELE DI CONTINUAZIONE

Candele Marabozu

Mancando l'ombra da un estremo della candela indica una dimostrazione di forza da parte dei comprartori (candela bianca) e venditori (candela nera) e danno un chiaro segnale di continuazione del trend.

Candele Bozu

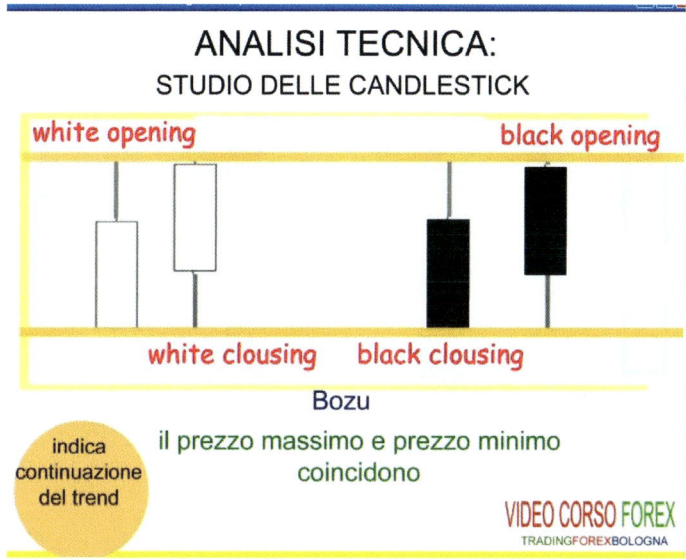

la variante delle bozu sono le "opening" e le "clousing", la loro caratteristica e l'ombra solo ad un estremo, nella black opening l'ombra dei prezzi si colloca nella parte bassa, nella white nella parte alta
si dividono in black opening
white opeing
black clousing
white clousing
sono candele direzionali che confermano il trend e l'ombra dei prezzi non è altro che il braccio di ferro tra i venditori e i compratori.

Candele Harami

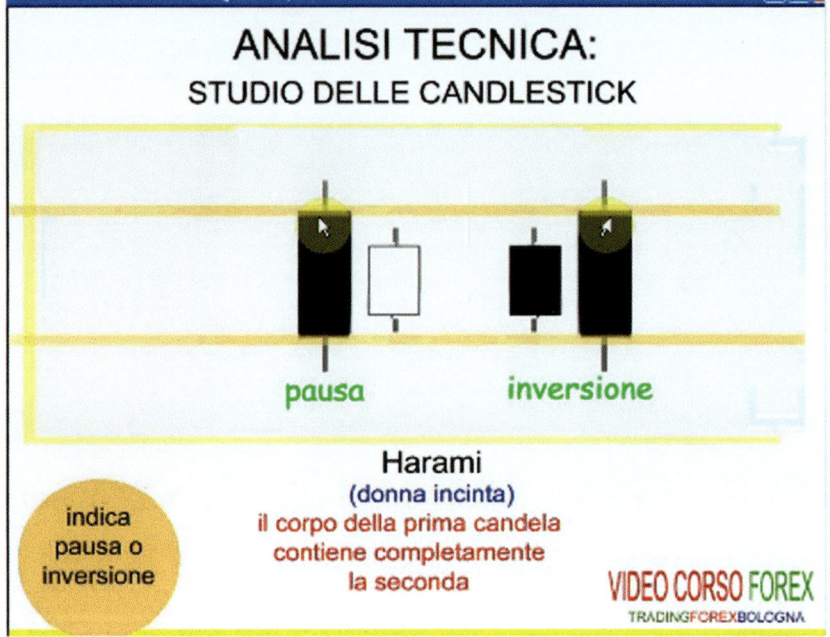

Harami è la figura di due candele in cui il corpo di una è contenuta interamente nell'altra.
Il colore delle due candele è **opposto**.
Rappresenta una pausa nel caso in cui il colore tra le due candele e opposto e il trend continuerà nella direzione della candela più lunga.
Si può verificare che il colore delle due candele sia **uguale**, e questo può significare un cambio di trend che andrà nella direzione della candela più lunga.

CANDELE D'INVERSIONE

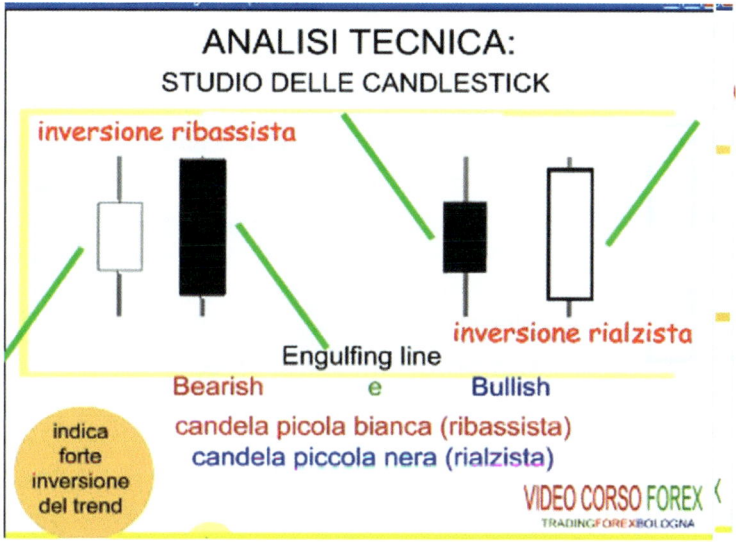

L'engulfing è uno dei pattern di inversione più importante.
Cosi come le monete possono salire o scendere anche
l'engulfing si divide in due: la Bearish, e la Bullish .
Si configura da una candela piccola e una di dimensioni
più grandi di colore opposto. Coincidono spesso con una
giornata fortemente a ribasso o al rialzo, è il primo segnale
che i compratori/venditori anticipano il mercato e
investono per cambiare trend.

La **morning star** (rialzista) e il suo opposto la evening star
sono figure d'inversione, e una formazione a tre candele, l
ombra della prima deve coincidere con la chiusura della
seconda, e l'ombra al rialzo della terza.

Candele Hammer

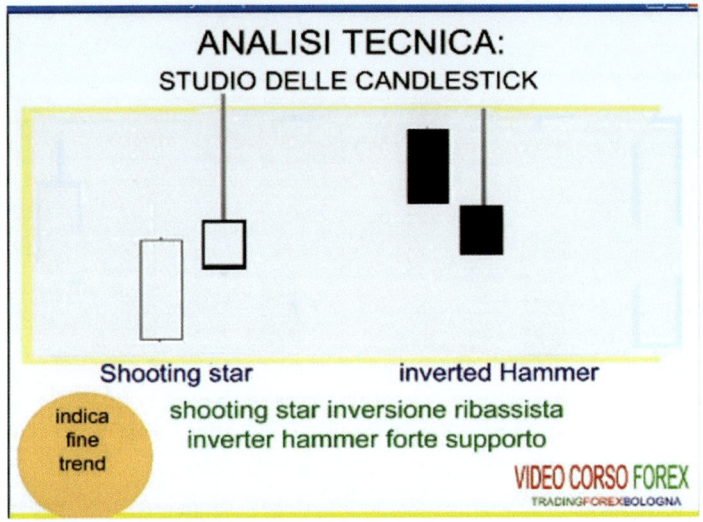

Queste due candele sono frequenti, infatti prendono il nome "stella cadente" e "martello", per fare un esempio visivo, immaginate un macchia in corsa deve invertire la direzione, tira in freno a mano e fa la classica "gommata" (l'ombra dei prezzi), proprio come le macchine dei rally.

L'ultima formazione che vediamo è la **dark cloud** ribassista e il suo opposto piercing line rialzista.

Naturalmente lo studio delle candele è molto più vasto, ma quello che a noi interessa è quando un trend inverte e quando entrare in posizione.

Il pattern e la candela sono la conferma finale di tutta una serie di elementi che ci portano a decidere cosa fare.
Ogni elemento in se è importante, ma sarà la somma di tutti a fare la differenza.

SUPPORTI RESISTENZE & MEDIE MOBILI

Le cose semplici funzionano meglio, infatti la tecnica dei supporti e delle resistenze è l'indicatore di trend migliore in assoluto.

A volte viene trascurato perchè considerato troppo "scontato" ma perchè perdersi a miriadi di indicatori quando abbiamo uno strumento così semplice ed efficace?

Partendo dal presupposto che il mercato ha memoria e la sua memoria è nei prezzi, noi per "predire" il futuro dobbiamo guardare al passato, e come ho già detto il passato è il passato del grafico.

Semplicemente andando indietro nel tempo e tirando delle linee orizzontali dobbiamo intercettare quanti più punti possibili minimi o massimi, sono stati toccati dalla nostra linea.

Queste linee diventeranno supporti dove il prezzo poggia (e rimbalza) o resistenze (come il soffitto di una casa) dove i prezzi tenteranno di uscire ma torneranno indietro. Più volte il prezzo tocca la linea più questa diventa importante, e molto spesso il suo livello coinciderà con un numero di prezzo intero (1.600 invece di 1.5832).

Questo si spiega perchè è nella natura umana acquistare o vendere a prezzi interi, (provate a chiedere al salumiere un etto e trentacinque virgola due di prosciutto).

nell'immagine sopra vediamo un supporto e una resistenza (in verde chiaro) e delle trend line (in rosso)

Saranno proprio questi supporti e resistenze che di volta in volta racchiuderanno un trend, fino al momento in cui ci sarà la rottura.

alla rottura di un supporto diventerà resistenza
alla rottura di una resistenza che diventerà supporto

Questa è la regola da tenere sempre in mente.

La differenza tra sup/res primaria e secondaria.

I supporti e le resistenze si dividono il due categorie: primarie e
secondarie.
Da cosa si riconoscono?
Le **primarie vengono toccate dalle ombre**
(massimo/minimo della giornata)

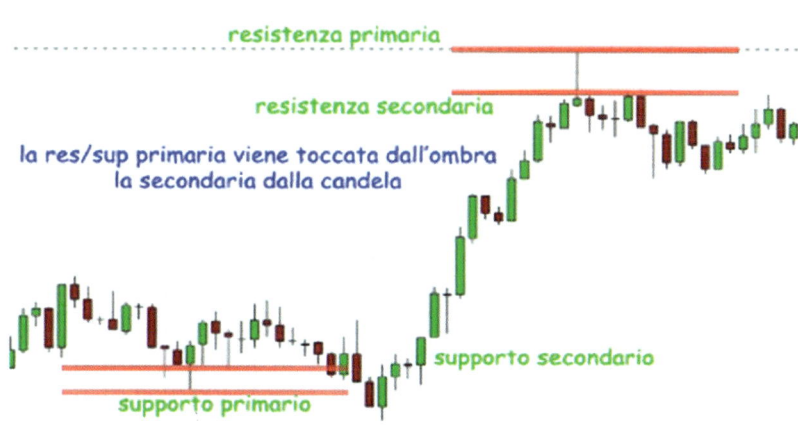

le secondarie dal corpo della candela.

Perché è importante distinguerle?
Servono per definire lo stop loss da mettere;
A) per le posizioni al rialzo (long) andrà posizionato poco sotto il supporto primario

B) per le posizioni al ribasso (short) lo stop verrà posizionato poco sopra la **resistenza primaria.**

Come si fa a tracciare una res/sup importante?

La risposta è semplice. Resistenza o supporto è importante se viene toccata almeno 3 volte dai prezzi, nella figura vediamo un esempio con una trend line che prima di rompersi viene toccata almeno 8 volte.
All'inizio faremo dei tentativi, poi un po' alla volta ci meraviglieremo di come i prezzi andranno a toccare le nostre linee, l'unico avvertimento e di non fare confusione sul grafico, non tracciare troppe linee, o meglio tracciatele e poi scegliete le migliori.
L'unica risposta è nell 'esperienza, quando l'occhio si sarà allenato a guardare i grafici vi sembrerà tutto più chiaro e semplice.

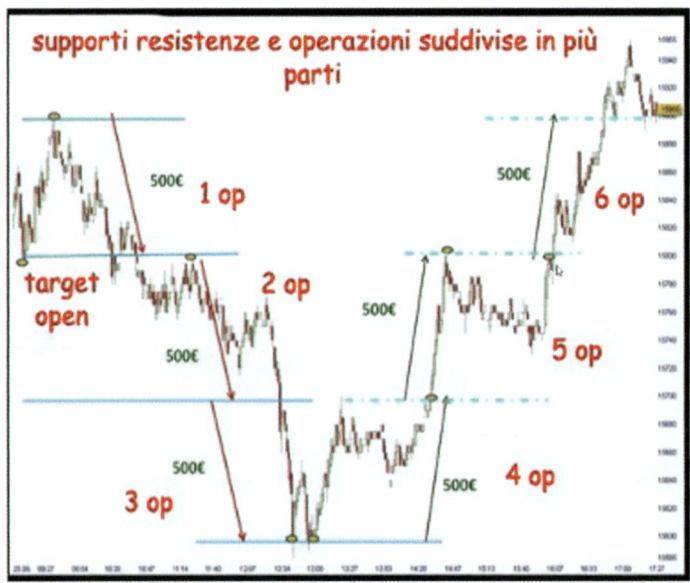

Un esempio di trend perfetto è questa sequenza di supporti e resistenze nell'arco di un tred prima ribassista e rialzista, Notiamo come sono state aperte più posizioni, infatti il miglior metodo è quello di seguire il trend aprendo più posizioni frammentando il percorso.

Perchè rischiare con un unica posizione quando dividendo in porzioni dividiamo anche il rischio, e ci vengono in aiuto gli ordini pendenti, cioè un ordine nella piattaforma programmato, che si attiva al raggiungimento di un prezzo scelto da noi e si chiude quando a raggiunto il target price.

Naturalmente quando impostiamo una previsione prevediamo anche un tempo massimo in cui la nostra operazione si aprirà, un esempio, se stiamo operando di sera tardi quando c'è il rallentamento dei mercati la nostra previsione ci dice di aprire su un time frame a 4 ore, sappiamo anche che prima del mattino inoltrato i prezzi non toccheranno l'ordine a causa della bassa volatilità, prevediamo dunque l'apertura del nostro ordine con apertura dei mercati americani dunque nel primo pomeriggio.

Se questo non avviene allora chiuderemo la posizione.

Con l'ordine pendente abbiamo risparmiato il tempo di stare sempre a controllare o peggio di entrare a mercato in un momento non propizio.

Dunque approfittatene usate sempre l'ordine pendente.

La prima cosa da fare per definire un trend è inserire una media mobile.

Se le candele sono al di sopra della media mobile si ha un trend rialzista,

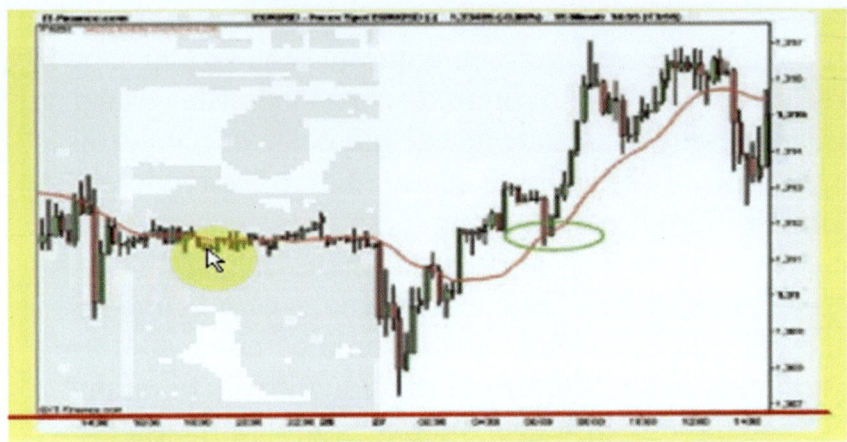

MEDIE MOBILI SEMPLICI
brevissimo termine tra 5 e 13 periodi
breve termini tra 14 e 25 periodi
medio termine tra 26 e 49
lungo termine tra 50 e 120 periodi

se sono al di sotto abbiamo un trend ribassista, ma
possiamo considerare la media mobile come supporto o
resistenza "molle" cioè i prezzi possono rimbalzare o
bloccarsi sulla media mobile proprio come fanno sui
supporti e le resistenze.

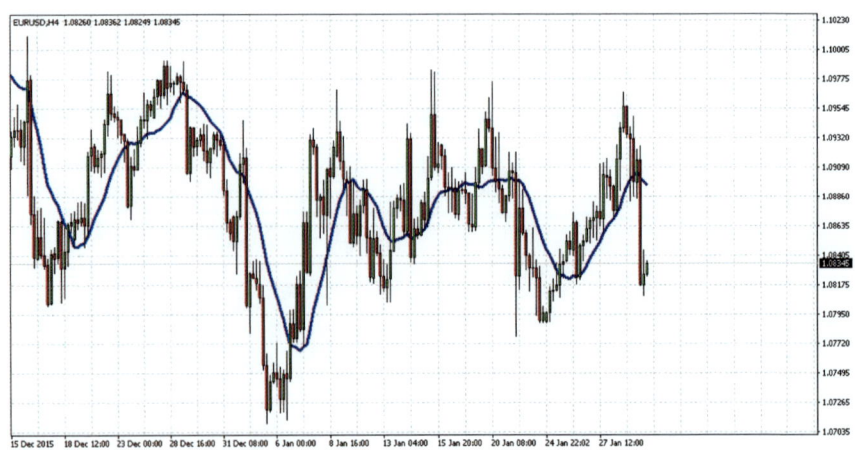

Un altro punto importante è il settaggio della media mobile, infatti inseriremo da 5 periodi a 13 per un settaggio a brevissimo termine, cioè su un time frame a 1 minuto è più indicato, Gli altri settaggi sono ad aumentare il periodo, ma di solito si usa a 14 o 20 periodi, e lo troviamo già impostato nella piattaforma.

Un altro riferimento per rilevare un trend e la sua forza sono i "volumi di prezzo" quelli in basso rossi. Anticipano la forza o la sua mancanza, segnando minimi o massimi, si possono riscontrare delle divergenze, che saranno molto utili dal punto di vista previsionale. L'unico consiglio che vi posso dare è quello di sperimentare, controllare e verificare, in modo da rendervi conto di come reagiscono gli strumenti e I mercati.

INDICATORI E OSCILLATORI

Uno strumento fondamentale nello studio di un trend sono senza dubbio, gli indicatori, che visualizzano il comportamento dei prezzi tramite medie mobili, come le bande di bollinger, o il supertrend, (la differenza tra indicatore e oscillatore è che i primi in teoria possono tendere ad infinito, mentre i secondi oscillano in un range che va da 1 a 100, per comodità chiameremo entrambi indicatori)

Ma cosa fanno?
A) evidenziano le fasi di ipercomprato e ipervenduto
B) evidenziano le divergenze tra il volume dei prezzi e le oscillazioni degli indicatori stessi.
C) misurano la forza dei compratori e dei venditori e la pressione che mettono al mercato
D) danno indicazioni per entrare a mercato o uscire.

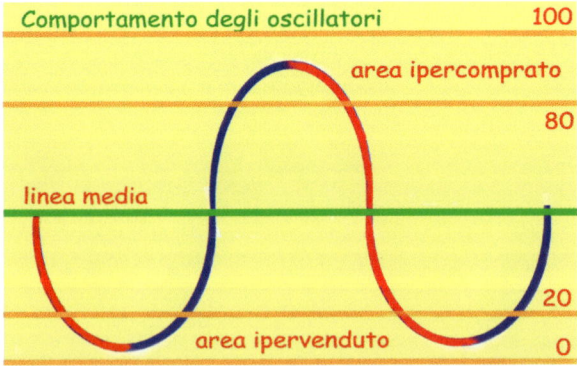

L'uso di indicatori e oscillatori fa parte di una propria strategia, spesso si tratta di un vero e proprio feeling su l'uso di un indicatore. Ognuno ha le proprie preferenze. Bisogna conoscerli e poi scegliere quello che fa per noi.

Gli indicatori/oscillatori tra I più usati sono: le bande di bollinger, il MACD, RSI, ATR, I Fractals, le medie mobili, alligator, Parabolic SAR, lo Stocastico, Keltner channel, Supertrend.

Non tutti vanno usati contemporaneamente, anzi quando ne metti un paio sul grafico già si crea confusione.

Ricordate sempre che nel dubbio usate le trend line trasversali unendo I minimi e I massimi, e le linee orizzontali per supporti e resistenze. Sono in assoluto I mezzi più potenti per definire una strategia su un grafico.

IL MACD

Il MACD è ottenuto dalla differenza tra due medie mobile esponenziale con diversa velocità (ampiezza temporale).
Il concetto è quello che la distanza tra la media più veloce e quella più lenta tende ad aumentare quando il mercato si trova in una fase direzionale. Diminuisce quando invece il mercato è congestionato.
Le due medie sono una a 26 giorni e l'altra a 12 giorni la differenza di questi due valori è chiamata "signal line".
Sui valori della signal line viene calcolata la trigger line media mobile esponenziale a 9 giorni.
Quando la media più veloce la signal line incrocia dal basso verso l'alto quella più lenta la trigger line si ha un **segnale rialzista**.
Il contrario: quando la signal line incrocia dall'alto verso il basso la trigger line si ha un **segnale ribassista.**

Abbiamo anche un livello di equilibrio, cioè una linea che divide l'oscillatore in due, e quando è sopra il livello 0 è un segnale positivo, quando è sotto è negativo.

LO STOCASTICO

Lo stocastico è il secondo oscillatore più conosciuto e si divide in due versioni, quello "veloce" e quello "rallentato" che consiglio.

Lo stocastico rappresenta le due forze in campo quelle dei compratori e quelle dei venditori e sono rappresentate da due linee la prima linea si chiama K% la seconda D% come RSI ha le sue aree di ipercoprato (80/100) e ipervenduto (20/0) però offre anche segnali operativi quando le due linee si incrociano segnale rialzista quando K% taglia dal basso verso l'alto la D% partendo dalla sua area di pervenduto segnale ribassista quando K% taglia dall'alto verso il basso D%

Il SETTAGGIO 5 5 3 è più ricettivo, ma può dare falsi segnali, altrimenti usate il settaggio standard, che trovate già impostato.

esempio di come nello stocastico gli incroci

delle due linee corrispondano ad una cambio di candela ribassista.

Un ottima strategia è mettere a confronto lo stocastico e il macd per definire chi anticipa meglio un entrata al mercato.

Sarà sempre utile stampare i grafici per poterli poi confrontare in un secondo tempo a "mente fredda" per verificare se le nostre previsioni erano esatte.

Per questo è importante fare un periodo "di prova" con il conto demo, per crearsi uno storico, di grafici, comportamenti degli indicatori e andamento dei mercati.

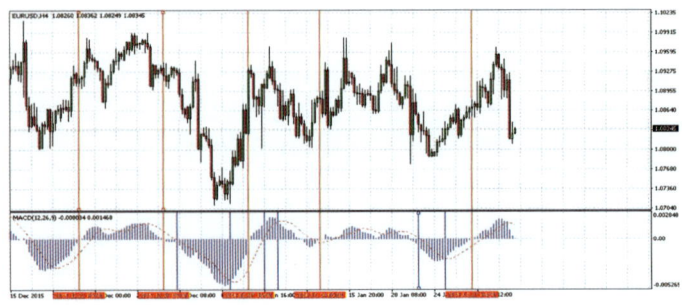

Il comportamento delle divergenze

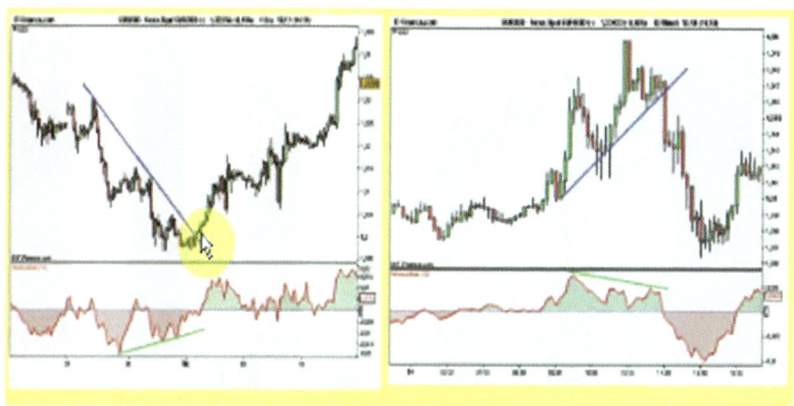

si hanno LE DIVERGENZE
quando le trend line sul grafico e su gli indicatori/oscillatori divergono in direzioni opposte

Così come sui grafici, anche sugli oscillatori possiamo tirare le trend line, e scopriamo delle possibili divergenze. Cosa sono le divergenze? Semplice quando sul grafico abbiamo un trend rialzista e l'oscillatore (esempio il macd) indica una tendenza ribassista. Si ha così una divergenza, due diverse indicazioni.

Queste divergenze sono spesso un preludio ad un forte cambio di tendenza. Non sempre dicono il vero, però è un segnale da tener conto.

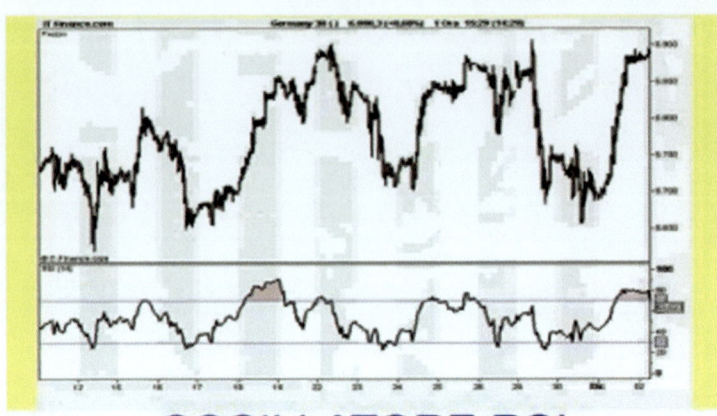

OSCILLATORE RSI
iper comprato superiore a 70
iper venduto inferiore a 30

RSI è l'oscillatore tra i più conosciuti, e naturalmente ogni strumento ha la sua formula che si può ottenere facendo la media delle chiusure al rialzo, la media delle chiusure al ribasso per x giorni.

Non dovete comunque preoccuparvi di ricavare ogni volta la formula degli oscillatori, in tutte le piattaforme si inserisce l'RSI semplicemente con un click.

Come nella figura RSI ha un range di ipercomprato (tra 70 e 100) e ipervenduto (tra 30 e 0).

Viene calcolato in genere con una media di 14 periodi, altrimenti un periodo più stretto rischierebbe di fornire troppi falsi segnali prendendo in considerazione tutti i movimenti minimi che poi non influiscono sul trend giornaliero ma possono dare informazioni sbagliate.

I segnali: quando è in zona ipercomprato da un segnale ribassista, quando uscendo dall area mentre i prezzi segnano una divergenza continuando a salire.

Al contrario quando è in zona iper venduto da un segnale rialzista quando si ottiene una divergenza positiva

Le Bande di Bollinger

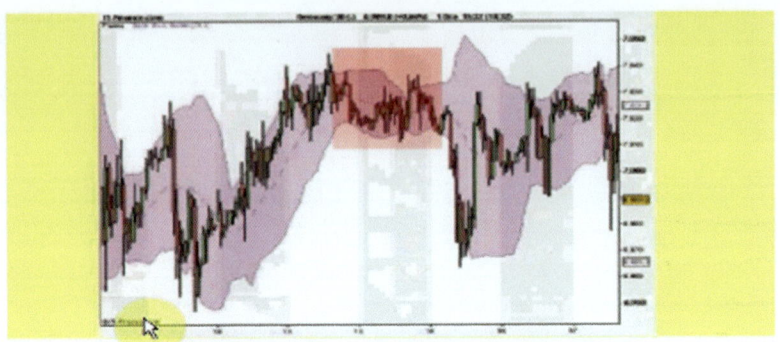

LE BANDE DI BOLLINGER
evidenziano la volatilità del mercato
(ogni bassa volatilità pre-annuncia un picco)

Le Bande di bollinger è un indicatore tecnico tra i più immediati dal punto di vista pratico. Sono state ideate da john Bollinger e sono formate da tre medie mobili, una superiore una centrale e una inferiore.

John Bollinger
IT forum Rimini 2013

Il suo utilizzo è quello di verificare la volatilità.
Tenendo bene a mente che le fasi del mercato sono di
congestione e d'espansione, le bande ci fanno subito vedere
quando si restringono una contrazione del mercato, dunque
sarà inutile entrare con un ordine quando è nella fase
iniziale della contrazione, ma sarà opportuno aspettare un
movimento direzionale, o meglio aspettare dei segnali che
si sta per compiere un movimento direzionale per entrare a
mercato.
In conclusione è bene non fase confusione, testate gli
indicatori oscillatori che fanno più al caso vostro, tenete
sempre pochi strumenti aperti in piattaforma e seguite la
vostra strategia.

Nella figura sopra vediamo le bande di bollinger sia con la
2 deviazione,(linea azzurra) che sarebbe il settaggio
originale di default, e sia con la 4 deviazione.(linea
arancione).

Questo accorgimento serve per determinare il punto di stop loss più sicuro, proprio perchè basato sulla volatilità. Questa tecnica la useremo con expert advisor grid per determinate il limite massimo di perdita ma lo vedremo meglio più avanti, adesso basta sapere che le bande di bollinger con la 4 deviazione le possiamo usare per lo stop loss.

Nella parte operativa vedremo come si usano I Fractal e il supertrend, che fanno parte di una strategia completa sia di breakout che trend follow.

ANALISI TECNICA:
LE ONDE DI ELLIOT

le 5 onde di Elliot in direzione del Trend e 3 di correzione

5

a

b

3

1

4   onde 1, 3, 5 in trend rialzista

2   2, 4 correzioni

dopo la 5 onda ulteriori correzioni a,b,c

VIDEO CORSO FOREX
TRADINGFOREXBOLOGNA

Siamo arrivati all'argomento più affascinante di tutta l'analisi tecnica, ovvero le onde di Ralph Elliot.

Elliot riprendendo gli studi di Dow, defini i mercati finanziari come specchio dell'ordine naturale delle cose. Abbiamo più volte detto che il 90% del trading è psicologia dunque emozioni, e le emozioni obbediscono alle leggi della natura, di conseguenza anche i mercati finanziari obbediscono alle leggi emotive naturali.

Per comprendere meglio il concetto parleremo di un altro studioso Fibonacci matematico fiorentino, che nella sua opera Liber Abaci descrisse una particolare sequenza numerica che partendo da 0, somma i due numeri precedenti a quello successivo (cioè 1 +1 = 2 , 2 + 1 = 3, 3 + 2 =5 ecc)
avendo così la sequenza 0,1,2,3,5,8,13,21,34,55, ecc.
A questa sequenza gli scienziati hanno notato una straordinaria corrispondenza con molti fenomeni naturali, come il numero dei petali di un fiore, o composizioni naturali di piante, elementi astronomici, se c'èra un qualcosa che non si riusciva a spiegare con la sequenza di Fibonacci aveva una logica.

Gli studi di Elliot si fondano sulla sequenza di Fibonacci, e hanno determinato una serie di onde 8 in tutto, che si suddividono in cinque onde di fase impulsiva e tre di fase correttiva.

Cosi come abbiamo visto nella ciclicità dei mercati e nella rappresentazione dei time frame anche le 8 onde di elliot hanno in se altre sotto-onde, e le sotto onde ancora altre sotto onde.

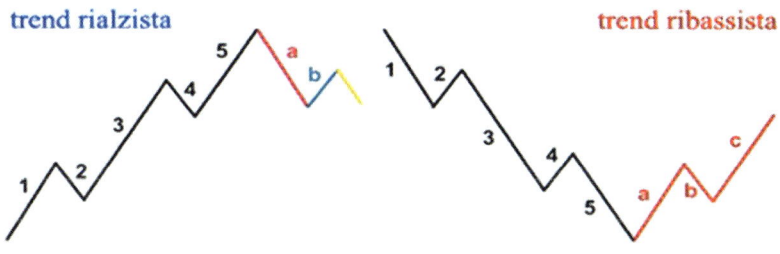

In totale sono 9 stadi di onde (sotto onde).

Il vantaggio è che sapendo l'esistenza di queste onde abbiamo una visione circoscritta di come si muoverà il mercato, sapendo individuare in che singola onda ci troviamo quando apriamo la nostra piattaforma di trading. Senza complicarci troppo la vita passiamo a vedere come si formano queste onde.

Siamo in un trend rialzista.
Abbiamo detto che gli investitori anticipano gli eventi, dunque abbiamo il primo gruppo che, o per competenza

o intuito, entrano a mercato e acquistano, siamo in una fase di rischio, però determinano la prima onda di investitori che naturalmente stanno comprando a prezzi più bassi. Appena il primo gruppo raggiunge il profitto, visto che sono stati i primi a rischiare ritireranno le operazioni chiudendole, si verrà quindi a creare una prima fare correttiva o di rintracciamento (onda 2).
I rintracciamenti seguiranno i livelli di Fibonacci (conosciuti appunto come rintracciamenti di fibonacci).
I livelli di rintracciamento sono 4

23,6%
38,2%
50%
61,8%

spesso i livelli dei rintracciamento coincidono con le resistenze o i supporti più affidabili, e sarà dunque lo studio dei grafici a dirci verso quale livello di fibonacci si sta dirigendo il mercato.
Onda 3. una volta che il primo gruppo ha chiuso le posizioni il mercato ripartirà verso il trand direzionale, diciamo che la voce si è estesa il trend è partito e il gruppo che vuole investire adesso è più esteso.
L'onda 3 e di regola più estesa, se vogliamo dunque entrare a mercato è il momento adatto perchè l'onda andrà avanti fino ad incontrare una resistenza importante.
Ne segue di conseguenza (onda 4) una fase di rintracciamento si ripete dunque quello che abbiamo visto per l'onda 2 . qui gli investitori sanno che siamo in pieno trend e aspettano la fase di rintracciamento per acquistare a prezzi più bassi e che c'è ancora da fare del profitto.

L'onda 5 invece è considerata la fase del pubblico, i piccoli investitori ormai il trend è chiaro e rischiano poco, però quello che caratterizza e che le informazioni che i piccoli investitori hanno vengono da fonti come tv e giornali e e che molto spesso non rispecchiano la reale liquidità del mercato.

Ormai il trend ha fatto il suo gioco e solo guardano i grafici ci si accorge che le cose stanno cambiando, come la mancata rottura di una resistenza o un pattern d'inversione o una diminuzione dei prezzi.

Le successive onde saranno di rintracciamento, cioè i trader esperti chiuderanno le posizioni e i piccoli investitori che non vogliono perdere forzeranno un trend ormai destinato a cambiare.

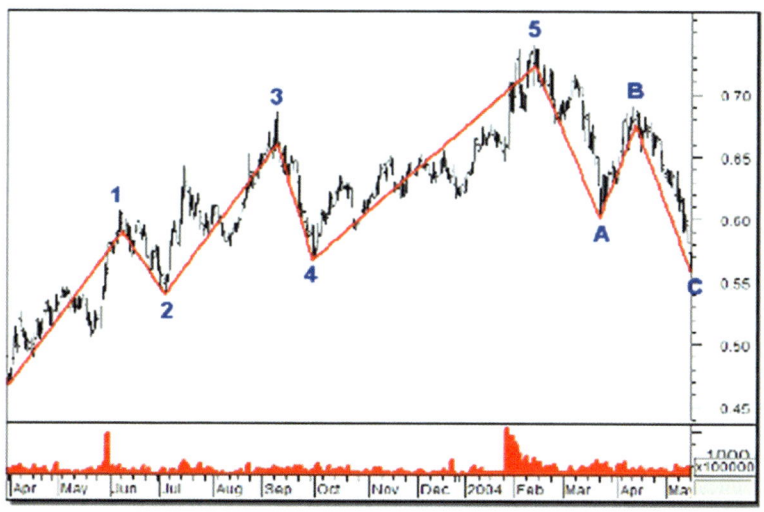

Esempio delle onde di elliot sul grafico.

Ricapitolando, se a noi interessa la fase impulsiva cioè quando parte e si consolida un trend come facciamo ad individuarla?

Overlap e Estensione

Un onda impulsiva è formata da cinque segmenti adiacenti e tre in direzione del trend e due opposti.
A sua volta l'onda impulsiva è formata da 5 sotto onde.
Queste sono le condizioni che si devono verificare.
L'onda 2 non deve scendere sotto il minimo dell'onda 1, mentre l'onda 3 non deve essere più lunga dell onda 2.

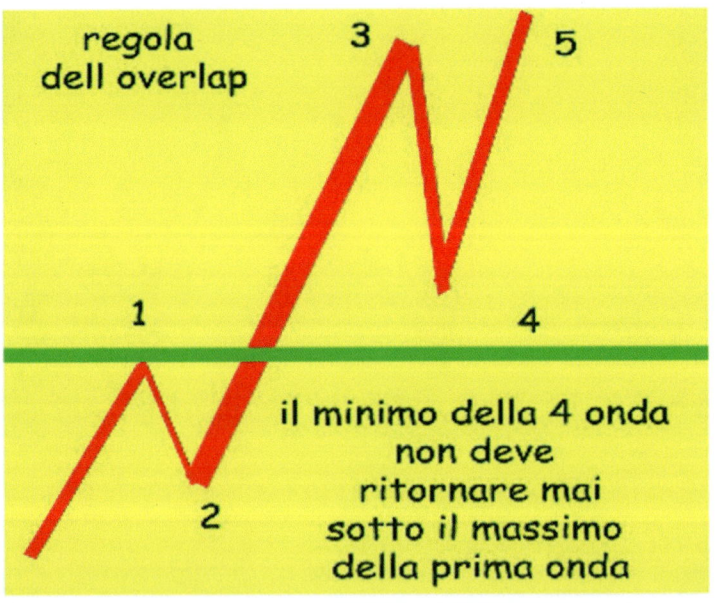

il minimo dell onda 4 non sia inferiore al massimo dell onda 1 (regola dell overlap) l'onda 4 non deve mai rintracciare l'intera escursione dell onda 3
l'onda 3 non deve mai essere più breve dell onda 1 e 5

la regola dell overlap dice:

in qualsiasi impulso regolare,il minimo della 4 onda non deve ritornare mai sotto il massimo della prima onda

la seconda regola è quella dell estensione l'onda impulsiva si evidenzia per la sua "estensione" l'onda più lunga del movimento. Le onde correttive

Le onde correttive si sviluppano in 3 tre onde
ma si dividono in 4 tipologie, non proprio facili da individuare
zig zag (5-3-5)
la prima onda si suddivide in altre 5 onde
la seconda in 3
la terza in 5
flat (3-3-5)
e spesso una correzione laterale
triangoli (con altri 4 tipologie, ascendente discendente simmetrico e espansivo) sono movimenti correttivi che hanno 5 onde e ogni onda è suddivisa in 3 questa è una fase di equilibrio con un movimento semi laterale doppie triple formazioni possono essere composti da 7 movimenti, si possono verificare, zig zag flat e triangoli in successione.
Ok a questo punto siete nel caos

Come utilizzare le onde di Elliott in maniera semplice?

Individuare le singole onde e contarle può essere veramente . Tuttavia se guardiamo i grafici in trend sapendo quali sono le onde che hanno più estensione e i suoi rintraciamenti potremo stabilire se il trend ha ancora spazio per continuare oppure una correzione o è imminente una inversione

Se per esempio individuiamo che un trend rialzista ha già completato due swing verso l'alto e due correzioni e ora i prezzi stanno eseguendo l'ultima
onda verso l'alto, saremo cauti nell'entrare long perché il trend potrebbe essere alla fine e potremmo comprare al top del trend.
Tuttavia se il trend ha fatto solo uno o due movimenti in una certa direzione (onda 1 o 3) e i prezzi stanno eseguendo una correzione (onda 2 o 4) potremo monitorare da vicino i prezzi in attesa di un segnale di entrata nella direzione del trend primario perchè sappiamo dalla teoria di Elliott.

OPERATIVITA' E EXPERT ADVISOR

Le Strategie

Un corso di trading non può essere completo se non vengono illustrate le strategie con cui si opera.
Dovete prima di tutto stabilire la vostra attitudine, cioè volete fare trading come lavoro o come hobby o entrata supplementare.
Da questa decisione parte tutto. Se volete farlo come lavoro dovete essere disciplinati e rispettare le regole.

Nel mercato esistono due condizioni

1ª

1 fase di trend forte e definito

2 congestione del mercato (zig zag delle candele)

2ª

La seconda decisione da prendere è:

1 volete fare trading solo nella fase di trend definito

2 volete fare trading solo nelle fasi di congestione

3 volete fare trading sulle notizie finanziarie

4 volete fare trading in tutte le fasi del mercato.

La risposta più ovvia è "fare trading in tutte le fasi del mercato" ma dovete tener presente che sarete esposti di più al rischio e il capitale da investire sarà più consistente.

Per chi inizia conviene andare per gradi, e il mio consiglio è quello di fare trading sulle notizie finanziarie, e lo vedremo fra poco.

Strategia e Strumenti

Andiamo sul concreto, ecco gli strumenti adatti per affrontare le fasi del mercato.

1 Per seguire un trend definito useremo l'indicatore: Supertrend

2 per operare nelle fasi di congestione useremo il Grid

3 per operare sulle notizie useremo i Fractal

Operazioni avanzate

Per fare un eseguito direzionale useremo il Anti Grid Simple e ci copriremo il rischio con il Grid.

Questo è tutto.

Come vedete ho semplificato al massimo, ma se avete chiaro in mente l'insieme di queste 3 strategie allora potrete affrontare tutte le fasi del mercato, e ricordate che la cosa più importante è l'esperienza che affinerete trade dopo trade, e sopratutto quando sbagliate imparerete più velocemente dai vostri errori che dai vostri profitti.

FARE TRADING SULLE NOTIZIE FINANZIARIE

La Strategia di Breakout con i Fractal

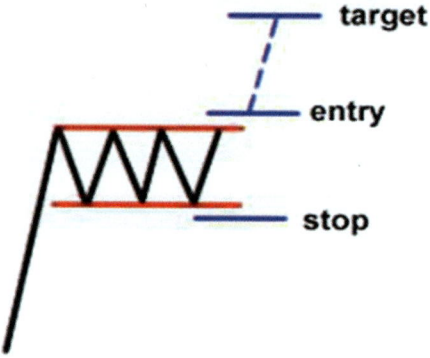

La strategia di breakout si ottiene quando i prezzi rompono un supporto o una resistenza. Nella figura sopra abbiamo una rottura di una resistenza dopo che i prezzi hanno fatto zig zag all'interno del rettangolo o canale.
Come individuare il canale? Utilizzeremo i Fractals che è un indicatore che si trova già nella metatrader4 sotto la voce B Williams.
Vediamo un grafico senza nessun indicatore.

Andiamo a mettere i fractals sul grafico

Facciamo uno zoom

il fractal sono quelle frecce blu una verso l'alto e l'altra verso il basso

 la strategia dei fractals consiste nel considerare
SOLO GLI ULTIMI DUE

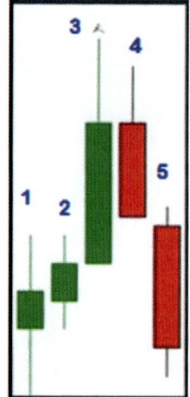

fractals che si formano sul grafico. Tutto ciò che c'èra
prima non ci interessa.

Il pattern completo del fractals è formato da 5 candele, le
prime due di misura media piccola, la terza che forma il
picco, la quarta che chiude sotto il massimo della
precedente e la quinta che conferma con la chiusura ancora
sotto quella precedente.

Il fractal come lo vediamo (la freccia blu) apparirà solo alla conferma della 5 candela. Vediamo l'esempio.

ancora non possiamo essere sicuri che il fractal sia valido, perchè la candela rossa è il fase di chiusura, se la candela non chiude sotto ma supera la 4 candela, la freccia blu scomparirà.

E importante aspettare la conferma perchè se stiamo guardando un grafico orario o a 4 ore, possiamo essere tratti in inganno, anche perchè utilizzeremo i fractal per definire i livelli per la nostra strategia di breakout.

Individuato il canale metteremo lo stop dalla parte opposta del canale, rispetto all 'entrata dell'ordine e il target in base all ATR.

L'ATR (average true range) è un oscillatore che indica la volatilità. Basta!

E talmente semplice che non c'è da spiegare altro. Il suo utilizzo invece è importantissimo perchè ci dice "la velocità" (passatemi il termine) dello strumento finanziario. Se l ATR va a 168 punti (un punto equivale a un pip e mezzo) allora la distanza di una ATR è di 16,8 pips.
La regola comune vuole che lo stop venga messo a due volte ATR e il target a 3 volte l ATR. E certo che la regola si può aggiustare per adattarla a ogni situazione, ma se per noi è importante che lo stop non venga preso dobbiamo per forza di cose metterlo ad una distanza di sicurezza e cioè il doppio della "velocità media" del ATR.

nell'immagine precedente vediamo l'ATR (la linea
blu più marcata), lo stocastico (sotto ATR), sul grafico
abbiamo il canale di keltner, (sembra una strada con i
bordi rossi e la linea tratteggiata azzurra) i
rintracciamenti di fibonacci (le linee in viola).
Sono tutti strumenti per definire la volatilità.

Esiste un indicatore fractal che si trova facilmente su google che si chiama fractal channel, che non fa altro che unire i fractal formando dei canali, dal punto di vista pratico non cambia niente, dal punto di vista visivo è più piacevole perchè ti identifica subito i livelli dove fare la strategia di breakout.

Strategia sulle notizie

I momenti più emozionanti nel forex sono quando esce una notizia macroeconomica importante in america, (come il tasso sulla disoccupazione,) e i prezzi fanno dei picchi vertiginosi in pochi secondi. Come prepararsi a questi eventi dove si guadagna molto ma si rischia molto se si fanno errori?

Come prima cosa bisogna controllare il calendario economico, e ci sono moltissimi sito che pubblicano orari e importanza della notizia. Io utilizzo
www.investing.com
e
http://teletradedj.it/analytics/economical_calendar

La differenza tra i due siti è che teletrade è più selettivo nelle notizie, cioè le notizie importanti su inventing che troverete con 3 stelle, su teletrade le troverete con 2 stelle, confrontando i due siti avrete la certezza che se una notizia è riportata con 3 stelle su tutte due vuol dire che è veramente importante.

Inveting . Com è in inglese, ma se all'interno del sito selezionate la lingua lo potete leggere in italiano. Andate su "strumenti" e selezionate "calendario economico". Prendete appunti sugli orari più importanti che sono evidenziati con 3 stelle.

Ok abbiamo stabilito che alle 16:00 viene data una notizia importante USD. Usiamo il time frame a 15 min, cosi possiamo monitorare quello che succede appena prima e subito dopo la notizia.
Prepariamo gli ordini uno short e uno long.

Utilizziamo I fractal per definire il canale. Ci sono I pro e i contro, I caso di volatilità molto forte la piattaforma sceglierà il miglior prezzo, ma potrà scegliere un prezzo in negativo vanificando il nostro ordine, non succede spesso anzi, il più delle volte entreranno gli ordini senza problemi, ma è un rischio specialmente il primo venerdì del mese quando le notizie usd sono molto importanti.

Un altro metodo e fare l'opposto, entrare subito a mercato, pochi minuti prima della notizia le candele si bloccano o rallentano di molto, dicevo entrare subito a mercato con due ordini long e short, e posizioneremo gli stop oltre il canale dei fractals.

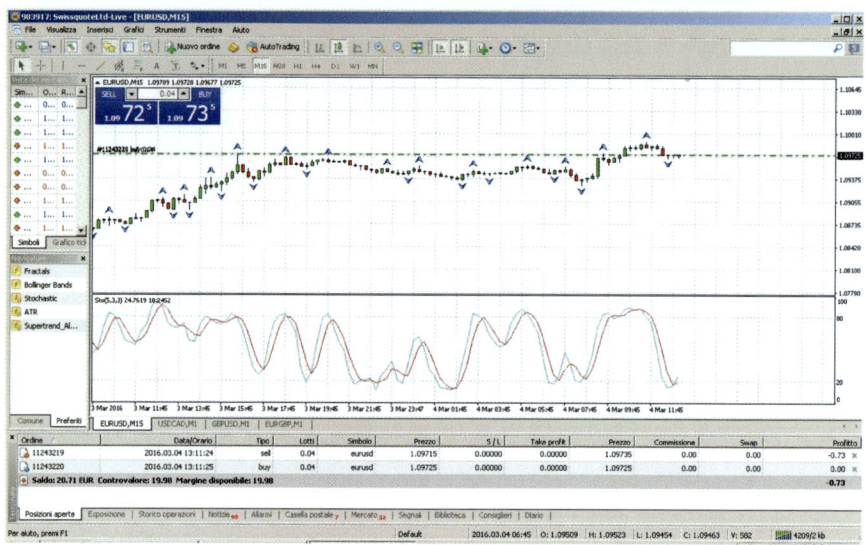

Sopra: due ordini a mercato contemporaneamente sotto: due stop seguendo il canale fractals

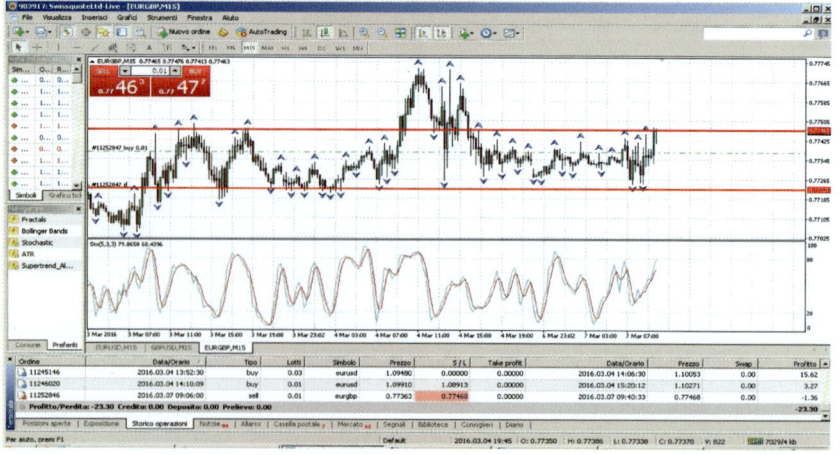

Si può scegliere sia il 15minuti che il 1minuto, a voi
la scelta, certo con il time frame a 15 minuti non
correte il rischi di prendere gli stop nel caso di un
oscillazione forte.

Nella figura sopra vediamo come il trend è partito al
ribasso, è entrato l'ordine short portando profitto,
la posizione andrebbe chiusa al massimo del profitto
(o meglio stabiliamo un 20, 30 pip di target) , infatti
con la posizione aperta avremmo subito il
rintracciamento long che guarda caso andrà a toccare
lo stop dell'altra posizione.
Questo ci insegna che il trend sulle notizie lo
dobbiamo monitorare per almeno un ora, e non
lasciarlo a se stesso. Sappiamo che dopo una notizia
ci sarà un movimento del mercato (forte o debole) e
che questo movimento avrà un picco e un
rintracciamento, sta a noi gestire bene la posizione.

Se prevediamo una forte volatilità allora mettiamo subito I due ordini a mercato, se invece il trend si prospetta tranquillo mettiamo due ordini pendenti ai lati opposti del canale delimitato dai fractals.

L'esperienza farà il resto, capirete subito la forza di un trend e il momento giusto per chiudere la posizione e trarre profitto.

FARE TRADING IN FASE DIREZIONALE

Quando parte un trend: Supertrend e Supertrend Allarm

Come capire quando parte un trend ?
Per capire il Super trend allarm dobbiamo fare un passo indietro e vedere il "supertrend" indicatore trend following creato da Oliver Seban

il super trend è facile da analizzare, la linea che affianca le candele del grafico, quando è rossa, siamo in un trend ribassista, quando è verde è rialzista. Nel calcolo del supertrend è compresa la volatilità, lo stesso principio lo utilizza il parabolic SAR (che significa Stop e Reverse)

Il SAR che sono i puntini indicano dove mettere lo stop, infatti in nome dice "Stop e ribalta", è un indicatore molto reattivo, dunque prende molti falsi segnali, se lo confrontiamo con il supertrend (che ha segnalato solo due cambi di tendenza verde-rosso-verde-rosso). Ma neanche il supertrend è infallibile, per questo facciamo la prova di mettere DUE supertrend e il secondo lo mettiamo più reattivo, diminuendo la distanza con le candele.

Vediamo come i due supertrend reagiscono.

Nel particolare vediamo come il supertrend più reattivo reagisce prima e diventa verde, mentre il primo supertrend reagisce con 7 candele di ritardo. Solo quando i due supertrend sono dello stesso colore abbiamo un trend definito.
Adesso immaginiamo d'avere i due supertrend in un unico indicatore.

Così nasce il supertrend allarm dove i punti di svolta
sono evidenziati dalle frecce più grandi, cambiamo
grafico e mettiamo il grafico a linea per vedere
meglio.

Quando i due valori si incrociano si forma la freccia
più grande (oltre ad avvisarti con un pop up, da qui
il nome supertrendallarm).

Le frecce più piccole indicano una chiusura parziale
della posizione se sono di colore contrario al trend

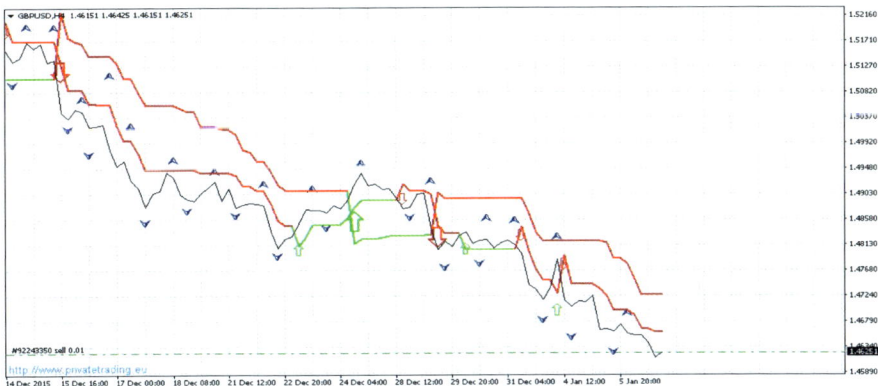

In ogni caso il supertrend più reattivo vi da
indicazioni di "attenzione", se poi viene confermato
da il supertrend più lento allora è il momento di
invertire la rotta.

FARE TRADING NELLE FASI DI CONGESTIONE DEL MERCATO

I Segreti del Grid: come andare a profitto nelle fasi di congestione del mercato

Disclaimer EXPERT

Le informazioni e le opinioni espresse nel seguente corso sono finalizzate esclusivamente a fornire informazioni di carattere generale e non hanno come scopo quello di prestare consigli operativi di acquisto e/o vendita o raccomandazioni personalizzate riguardo una o più operazioni relative ad un determinato strumento finanziario nel trading automatico i rischi possono essere anche più consistenti, usate sempre prima in demo tutti gli expert e solo dopo che siete sicuri che state utilizzando i parametri giusti e una corretta gestione del rischio passate ad operare con denaro vero.

Il Grid è un expert advisor (un sistema di trading automatico) creato da Giuseppe Musciarelli e il suo gruppo di programmatori che sfrutta le tante e "noiose" fasi di congestione dei prezzi nel forex, ma va bene anche per gli altri prodotti finanziari, creando una serie di ordini pendenti, o in ordine short o in ordine long, e andando in profitto ogni volta che il trend fa un rintracciamento.

Quello che rende interessante il Grid è la moltitudine di ordini che mette in piattaforma, rendendo visivamente l'idea di una griglia, e finchè ci sarà un andamento laterale i profitto sarà costante.

Naturalmente non tutti gli eseguiti andranno a buon fine, anzi ci saranno molti con il segno meno, ma visto che la fase di zig zag le candele si alterneranno il profitto sarà garantito.

Per far funzionare il Grid, ci vogliono due cose fondamentali, avere la metatrader4 e un conto attivo con Swissquote. LTD.

Installare il grid

Come prima cosa aprite la metatrader4.
Se volete installare il Grid andate a " file > apri scheda data>(si aprirà una schermata, aprite la cartella MQL 4)> expert e copiate il file del programma/expert. Chiudete la piattaforma e riapritela, e come per magia vi troverete l'expert nell elenco. Il procedimento è identico all'installazione di un indicatore, la differenza è che il Grid lo copieremo nella cartella expert.

Apri scheda data

Apri la cartella SQL4

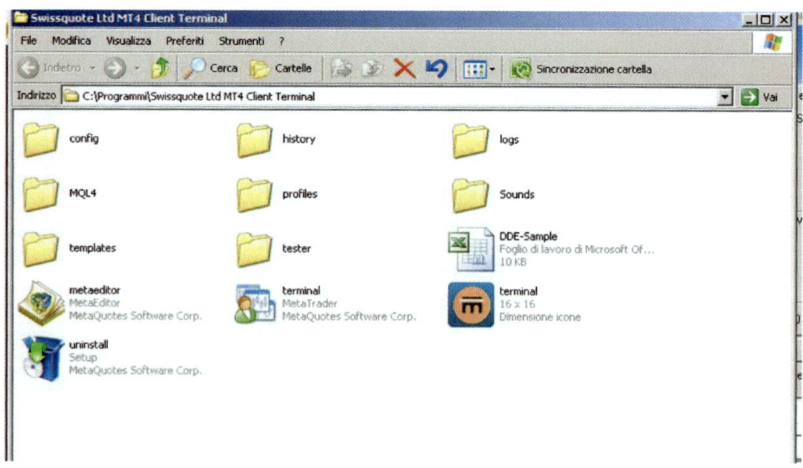

aprite la cartella expert e copiate il file. Chiudete la piattaforma e riapritela.

I SETTAGGI PRINCIPALI

In tutti gli expert e indicatori che installiamo nella Metarader4 ci sono dei settaggi da scegliere prima da usare il programma, nel Grid sono abbastanza semplici.

Appena installato il grid, prima di aprirlo ricordatevi di cliccare su "autotrading" il pulsante in alto, accanto a "nuovo ordine" nella Metatrader4, serve semplicemente per abilitare tutti gli expert.

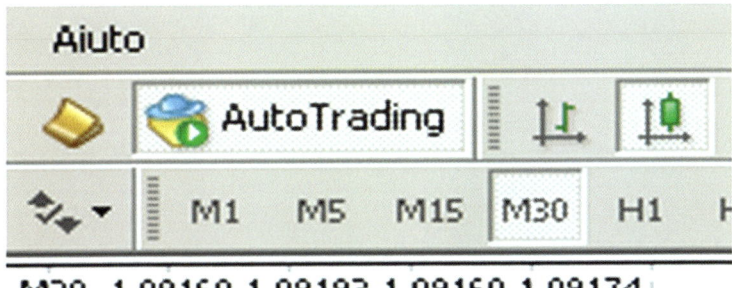

Per sapere se tutto funziona vedrete nell angolo in alto del grafico scelto una faccina tipo smile sorridente, se invece ha il sorriso verso giù qualcosa non funziona, chiudete tutto e riprovate.

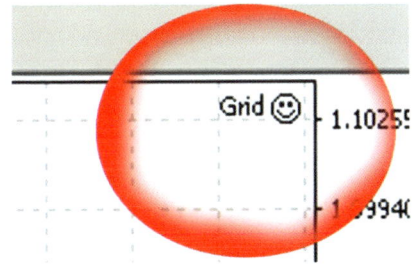

Portate (trascinate) il Grid sul grafico, la prima
schermata sarà il nome "grid" e gli autori e questa e
la facciata "a proposito".
Ci saranno altri pulsanti o facciate che sono "sul
programma" "comune" " Valori di imput" "dipendenze"

Analizziamo I più importanti
"Comune"

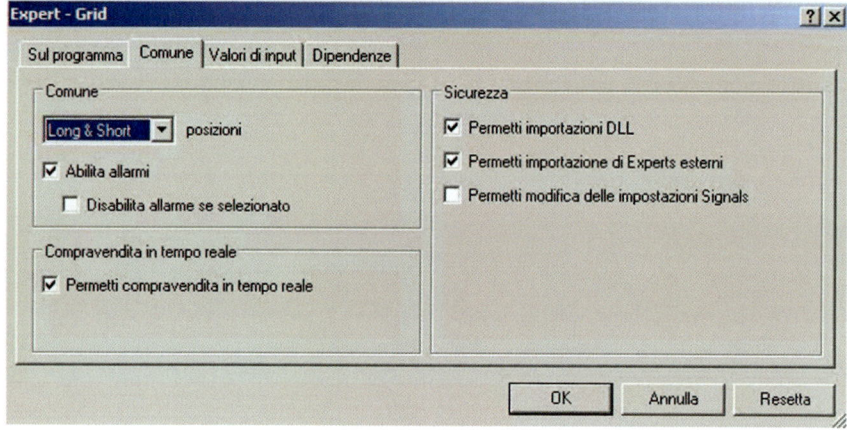

Andate su "comune" e selezionate "parametri
compravendita in tempo reale" e "parametri
impostazioni DLL". Lasciate impostato "long &
Short"
"Valori di imput" sono le impostazioni di tutto il Grid,
prima di scendere in dettaglio facciamo un po' di teoria.

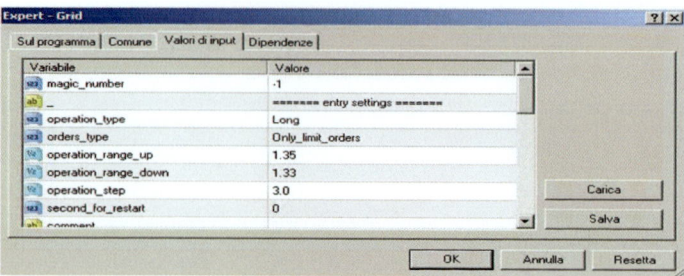

La Teoria del Grid

Come prima cosa il Grid è una strategia NON DIREZIONALE con la Metatrader4, è un sistema automatico di trading, per cui molto pericoloso se non si conoscono i parametri e i rischi.
Il Grid è rilasciato da Private Trading Europe gratuitamente per chi ha un conto reale con Swissquote LTD.

La Definizione di Grid è: Strategia di Trading che sfrutta prevalentemente l'assenza di trend attraverso l'emissione di ordini multipli.
Questa strategia si adotta molto bene al forex perchè ha molti momenti di lateralità e il forex è aperto per 5 giorni alla settimana senza interruzione.

Gli ordini del Grid possono essere o short o long, ma si può aprire 2 volte lo stesso grafico, la stessa coppia di valute (es. eur/usd) e impostare in un grafico un Grid long, e nell'altro grafico un Grid short, con gli stessi paramentri in modo da avere un costante profitto e un pareggio nelle perdite, vedremo questo particolare importante più avanti.

esecuzione a mercato: l'ordine entra con il prezzo che viene offerto in quel momento

Ordini Pendenti: Buy e Sell che si dividono in

  - **limit,** comprare o vendere ad un prezzo più favorevole di quello corrente
  - **stop**: comprare o vendere ad un prezzo meno favorevole di quello corrente.

Naturalmente avremo buy stop e buy limit, e sell stop e sell limit.

Se avete usato la Metatrader4 almeno un paio di volte non vi sarà difficile orientavi.

Gli ordini del Grid sono Limit.

Un parametro importantissimo e il "range up" e il "range down"
non sono altro che i parametri su cui lavorerà il Grid, se impostiamo short il limite del range down sarà il nostro take profit, matre il limite del range up rappresenterà il nostro stop loss.
Il primo ordine che eseguirà il Grid sarà "a mercato" mentre i successivi saranno sotto il livello di prezzo andando così a formare una griglia di ordini pendenti short limit.

Man mano che gli ordini vengono eseguiti si chiudono con un take profit se vanno short o una piccola perdita se vanno long, Tenendo presente che in una fase di congestione o lateralità i prezzi faranno zig zag, le chiusure in profit saranno superiori alle piccole perdite.

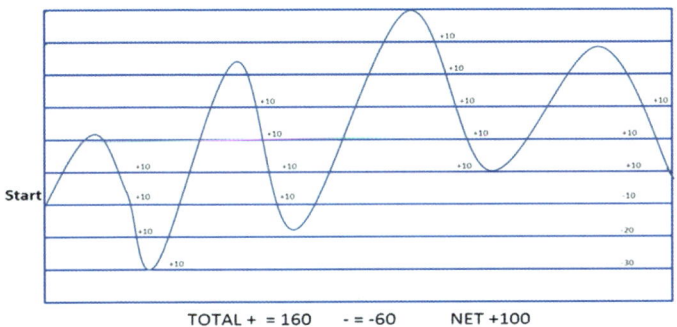

TOTAL + = 160   - = -60   NET +100

Questo è come appare nella metatrader4

Il Grid è la strategia che si inserisce tra le strategie di breakout e quelle di trend follower (cioè tra le strategie che fanno profitto quando un trend parte e rompe un supporto o una resistenza e le strategie che "seguono" un trend in corso).

Quando utilizzarlo

Come già detto il Grid si usa nelle fasi di congestione dei prezzi, ma quando accadono?

I momenti più "caldi" del forex sono all'apertura dei mercati americani, dunque, alle 14:30, poi le notizie vengono diffuse sia alle 14:30 che alle 16:00, e ogni tanto in occasione di conferenze stampa l'orario da tenere sottocchio sono le 17:30 / 18:00, raramente le 19:00 / 20:00.

I giorni con più volatilità di solito sono dal mercoledì, giovedì, venerdì.

La mattina di solito non ci sono molti scossoni, a parte le notizie della Germania e la sterlina. Potete far viaggiare il grid la sera, fino al giorno dopo (anche se ogni tanto non sarebbe male controllarlo) ma vanno bene anche 3 o 4 ore al giorno, dunque la mattina va bene, ricordate che il Grid lavora sui rintracciamenti dunque la volatilità è importante, ci deve essere volatilità, se pensate di mettere il Grid di notte, farete ben poco.

Diciamo che ci vuole una misura di mezzo, non i picchi del mercato che vi possono far prendere uno stop e nemmeno una tavola piatta di volatilità.

Come Operare

Apriamo la metatrader4, scegliamo la coppia di valute (es. eur/usd) scegliamo il time frame (in questo caso abbiamo scelto h1, sembra che la fase discendente sia finita e ci sia una ripartenza, sono le 17:30, non ci sono notizie all'orizzonte).

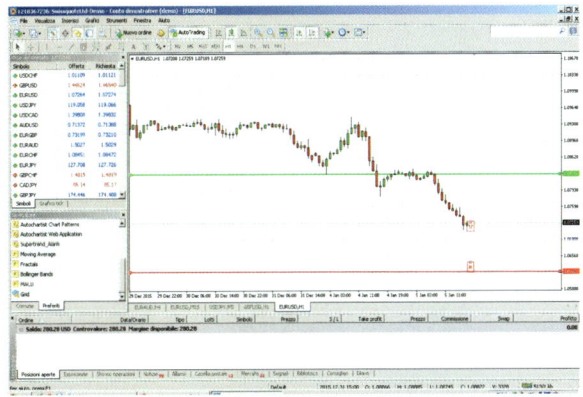

Come prima cosa dobbiamo scegliere il "range up" e il range down", cioè l'area in cui il Grid imposterà gli ordini.

Come nella figura sopra la linea rossa sarà il nostro stop loss, e la linea verde il nostro take profit.

Visto che siamo su di un grafico orario mi sono mantenuto molto largo, perchè la mia unica preoccupazione sarà quella che il prezzi non vadano a toccare la linea rossa.

Vediamo in dettagli le impostazioni

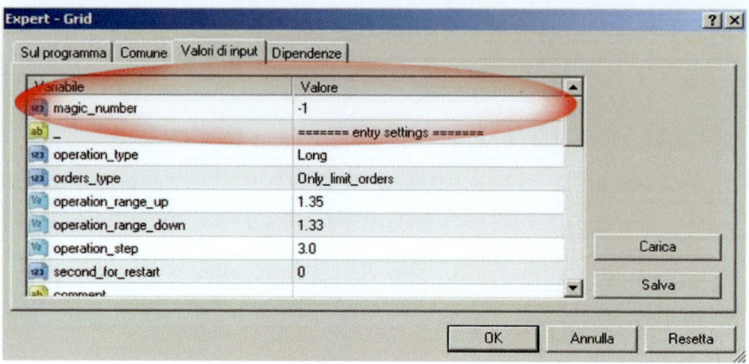

Nella schermata "valori di imput" troviamo tutte le
impostazioni che dobbiamo modificare e altre che
dobbiamo lasciare di default "magic number" si
riferisce al Grid stesso, ovvero, se vogliamo mettere
un altro Grid su di un altro grafico, dovremmo
cambiare il magic number,
possiamo mettere qualsiasi numero diverso da "-1"
perchè "-1" si riferisce al "primo" grid in
piattaforma. I seguenti li posiamo chiamare -2, -3, 4,
ecc.

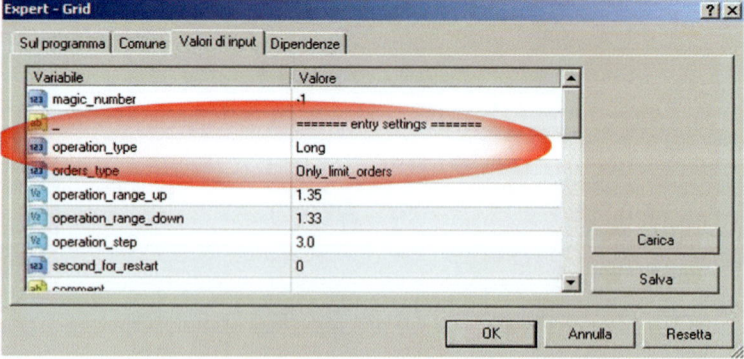

"operation_type"

Operation type si riferisce alla direzione che volete impostare al Grid.
Potete scegliere se mettere "long" o "short". Per modificare l'impostazione basta cliccare su "long" e uscirà il menù a tendina con la scelta "short" scegliete e proseguite.

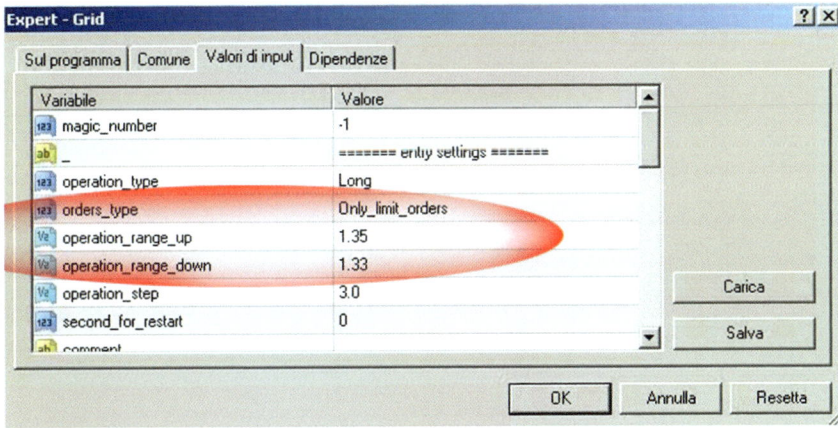

"operation_range_up" si riferisce al livello di prezzo che avete scelto, ovvero la "linea verde" della figura del grafico eur/usd. Dovete copiarlo dalla piattaforma e scriverlo.
Rappresenterà il vostro take profit.

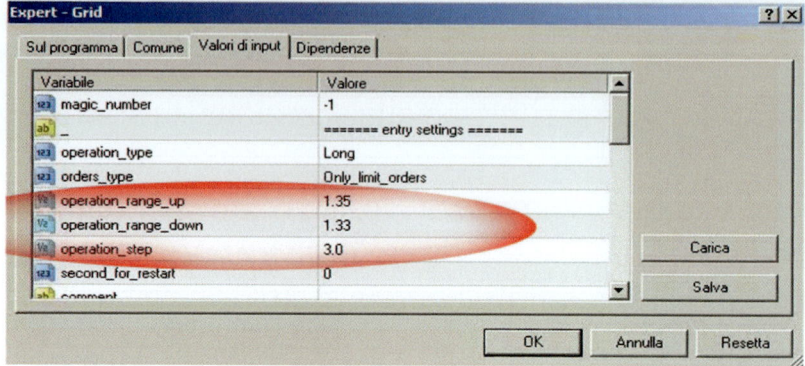

"operation_range_down" è il livello di prezzo la linea "rossa"

Come avete fatto prima, copiate il livello e scrivetelo, sarà il vostro stop loss.

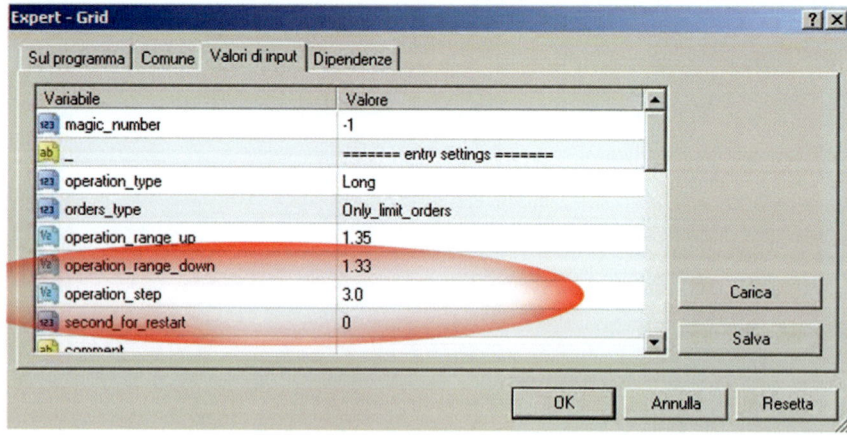

"operation_step" è la distanza che intercorre tra un ordine e l'altro.

Attenzione: questo parametro va modificato in base al rischio, il vostro capitale e il range scelto. Le prime volte vi capiterà che il Grid non parta, dando un segnale d'errore, dicendo che i numeri dei lotti è inferiore a quelli richiesti dal broker. Niente paura,

basterà aumentare lo "step" da 3.0 ad un valore che
va da 7.0 a 10.0
Fate qualche prova in demo per scegliere il settaggio
che preferite.

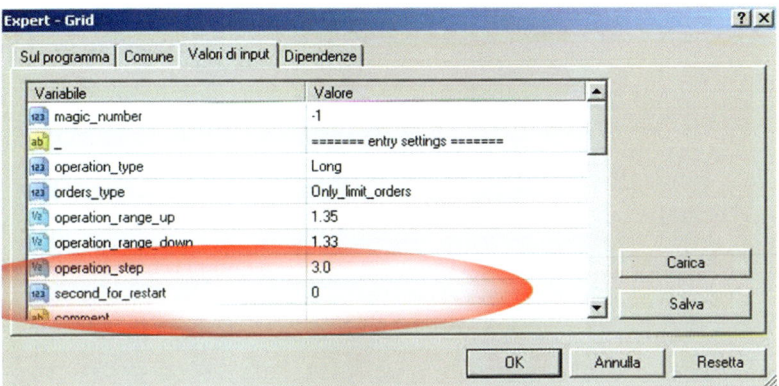

"second_for_restart"
Questo parametro stabilisce i secondi per farlo
ripartire, si perchè una volta portati a termine diversi
eseguiti il grid si re-imposta formando una nuova
griglia, in modo del tutto automatico, dunque non
dovete rimettere le impostazioni scelte. Il parametro
è impostato a "0", potete anche lasciarlo così, ma se
avete il dubbio che qualche notizia faccia schizzare i
prezzi in modo improvviso e andarvi a toccare il
vostro stop loss, allora impostate invece di "0", "60",
che sono i secondi che passeranno prima che il Grid
si re imposti. E solo una precauzione, ma se utilizzate
il grid in orari tranquilli lasciate a zero.

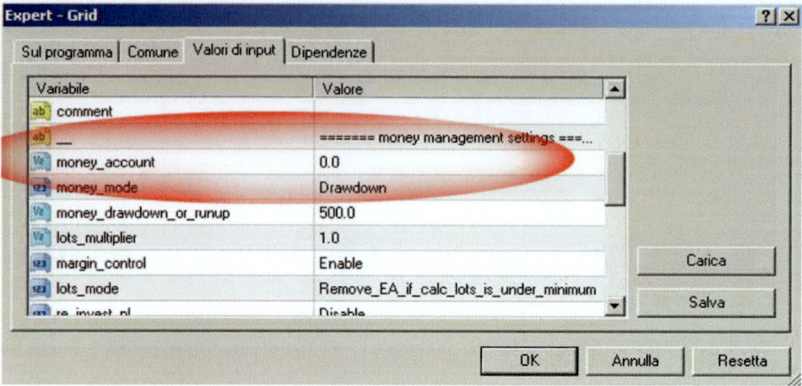

"money_account"

In questo parametro dovete scrivere il capitale del vostro conto. Sarà poi il Grid a calcolare con quanti lotti (microlotti) aprire le posizioni.

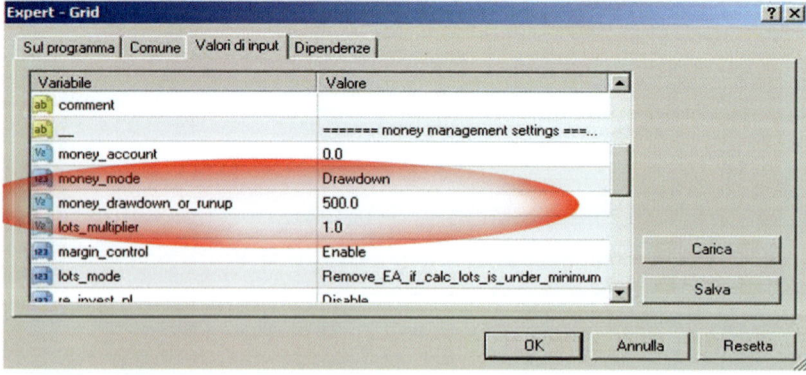

"money drawdown_or_runup"

Questo parametro rappresenta il vostro rischio.

In questo caso stiamo facendo partire il Grid con un conto di 300 euro, e stiamo mettendo un rischio di 150 euro. Certo stiamo parlando di cifre al limite del Grid, che funziona anche con 100 euro, ma lo step tra un ordine e l'altro sarebbe così ampio che non ne varrebbe la pena.

ATTENZIONE: il rischio che scrivete sarà la cifra che perderete se i prezzi toccheranno il vostro stop loss (la linea rossa). Proprio per questo motivo la scelta del range up e range down deve essere "ampia".

Se poi vi accorgete che i prezzi vi vanno contro non dovete fare altro che FERMARE il grid e CANCELLARE gli ordini pendenti.

Con i test effettuati il Grid con un conto da 300 euro, un rischio di 150, realizza in due/tre ore sui 50 euro, dunque il rischio e ben ripagato. L'importante è controllare che tutto si svolga bene, e non parlo di mettervi davanti al monitor per ore (come i gatti che guardano la lavatrice), ma controllare ogni tanto.

ATTENZIONE PER FAR FUNZIONARE IL GRID IL COMPUTER DEVE RIMANERE ACCESO E CONNESSO A INTERNET.

L'ultimo parametro è "lots multipler" che aumenta in modo esponenziale il numero dei lotti (microlotti). È bene lasciarlo impostato a 1.0, aumenterebbe il vostro rischio e l'esposizione del capitale.

FACCIAMO PARTIRE IL GRID

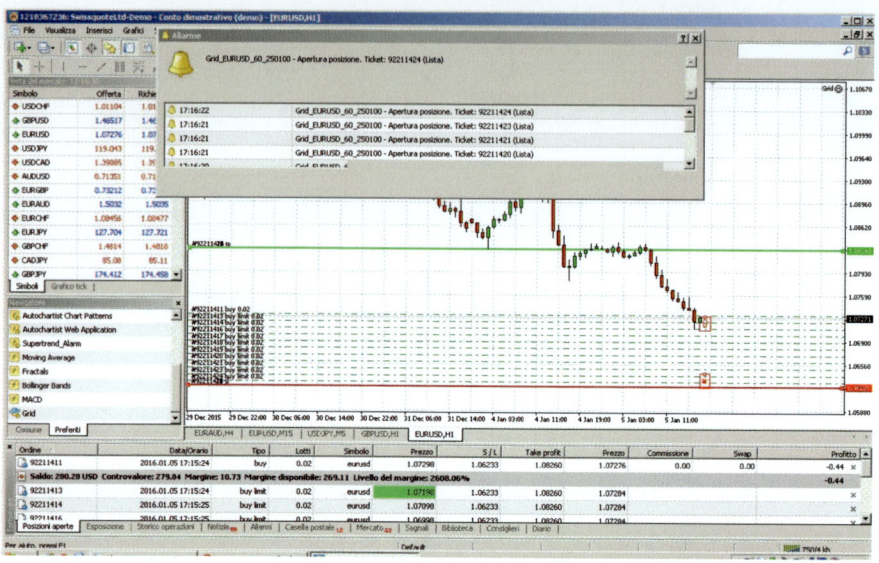

Ecco come apparirà il Grid in funzione, un box con la campana vi avvertirà che gli ordini sono in piattaforma, e la vedrete formarsi d'avanti a voi la griglia insieme a tutti i "ping" sonori tipici della metatrader4 quando si apre un ordine.

Il primo ordine il Grid lo mette a mercato, dunque non vi allarmate se vedete da subito un segno meno. Ogni posizione aperta sarà sia negativa che positiva, ma se avete scelto bene il verso del trend tutti i rintracciamenti saranno a vostro favore.

MA E' POSSIBILE METTERE DUE GRID SULLO STESSO GRAFICO UNO SHORT E L'ATRO LONG?

Bella domanda, ma la risposta è ancora più bella! SI!
E possibile mettere due Grid, uno long e l'altro short.
Bisogna aprire un nuovo grafico

scegliere sempre eur/usd e aprirne un altro nella
metatrader4
portare il Grid sulla piattaforma e
ISERIRE GLI STESSI PARAMETRI DEL PRIMO GRID
cambiare solo il magic number, mettendo -2
e cambiare il verso (se abbiamo messo long nel
nel primo metteremo short nel secondo.

I due Grid si andranno a compensare in long e short. Qui si apre un mondo perchè si possono sperimentare diverse impostazioni di Grid, da quello singolo a quello doppio, ma quello che conta è tenere sempre presente che può andare in crash, cioè procurarci una perdita.

in questa immagine il trend mi è andato contro e si è avvicinato allo stop in modo preoccupante, ha causato una perdita di 50 euro su un conto (demo) di 340 euro. Questo significa che mettere un expert non significa non avere mai perdite.

La Seconda versione del Grid: il Grid Simple

Forse vi state facendo la domanda, "perchè mi spieghi prima il Grid e dopo il Grid Simple, di solito non si parte dalle cose più semplici?
In teoria si parte dalle cose più semplici, in pratica è nato prima il Grid e in seguito il Grid simple, comprendere prima il Grid significa apprezzare di più le sfumature e le piccole modifiche che sono state fatte nel Grid Simple, andiamo a vedere le differenze. Nel Grid simple non c'è moltiplicatore, non c'è il magic number, e non c'è la ripartenza del ciclo della griglia che è propria del Grid, ogni volta che la griglia si riforma il numero di lotti (microlotti) sarà decrescente, per rispettare il rischio che avete messo nei valori di imput (es. 100 euro di rischio). Il Grid Simple mantiene sempre la stessa quantità di lotti, dunque ha un rischio-rendimento migliore e più lineare.

Sia il Grid che il Grid Simple contengono anti grid, (che spiegherò più avanti) nel Grid Simple l'anti Grid si attiva selezionando "only stop order" nella stringa "limit and stop order" e " only limit order". Rimane uguale il concetto long e short da selezionare, e il range up e range down, money account e il margine di rischio.
Una differenza con il Grid e quella che mettendo un grid simple short, si forma la griglia e tutti gli ordini saranno limits, finchè i prezzi rimangono all'interno della griglia tutto procede normale, ma se escono verso il livello di stop, il grid simple non esegue nessun ordine e non fa nulla finchè i prezzi non ritornano nella griglia.

Perchè il grid simple sopra la griglia non si re imposta e continua a fare ordini?

La logica è semplice, per permettere al trader di mettere un secondo grid simple che operi dal limite della griglia al limite stop.
Abbiamo due livelli di crash (due stop) uno sopra e uno sotto, che coincidono con il profit, ma la differenza sostanziale e che ogni grid simple lavorerà nella sua sezione senza avere l'altro grid sovrapposto e con lo stesso numero di lotti (microlotti). Le statistiche fatte sul grid simple ci dicono che ha un rendimento migliore del Grid, infatti l'equity del grid Simple è sempre lineare, perchè opera sempre con la stessa quantità di lotti, e non in modo decrescente come il Grid (che opera con numeri di lotti differente perchè il grid si re-imposta a differenza del Grid Simple che opera nella fascia che gli abbiamo assegnato e non si re-imposta)

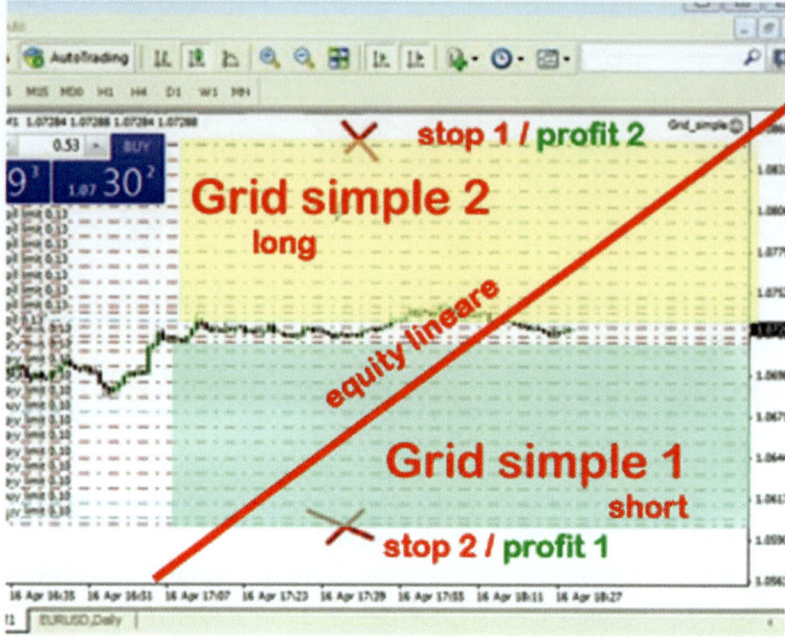

L'ultimo esempio e quello "limit and stop order"

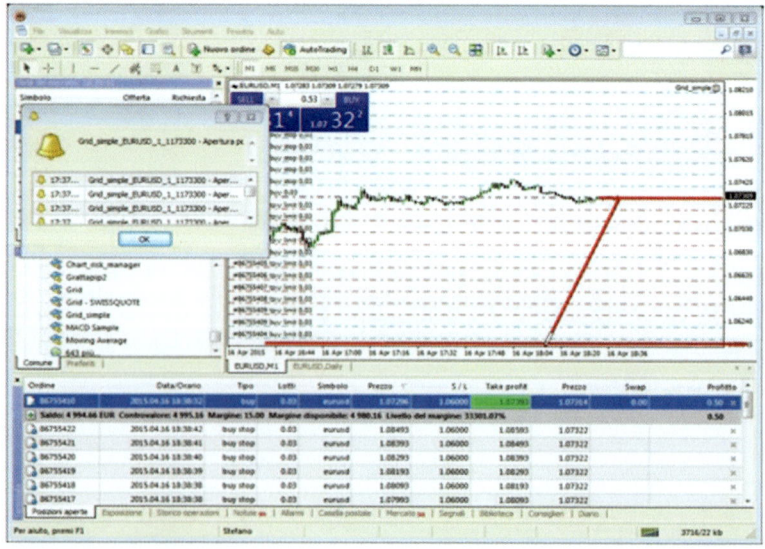

Nel immagine sopra vediamo appunto il "limit and stop order" che si seleziona sempre dalla stessa stringa degli altri ordini. La differenza che il Grid simple short rimane uguale e opera nella fascia delimitata dal segno rosso, e sono tutti ordini limits, mentre sopra la griglia ci sono SOLO ordini stop. L'esposizione del rischio e minore perchè l'expert calcola anche gli ordini stop. Non è la stessa cosa avere questa impostazione rispetto a far lavorare due grid simple, l'unico suggerimento è quello di testarlo in demo e vedere se vi ritorna utile, diciamo che nel momento in cui esce una notizia importante e i prezzi fanno delle escursioni importanti invece di rimuovere il grid e mettere degli altri ordini, questa impostazione vi copre anche per la parte (o fascia) in cui il grid non opera, ma è presente solo con ordini stop.

L'antigrid

L'anti grid è l'opposto del Grid, è presente sia nella versione Grid che nella versione Grid simple.
Nelle impostazioni non troverete "usami come grid" e "usami come anti Grid" perchè nelle impostazioni di base è già Grid e Grid simple.

Per far funzionare il Grid come Anti-Grid bisogna selezionare "only stop order", nella stringa "money mode" mettere "runup"(aumento dell equity), e impostare lo stoploss (sempre nella stringa dedicata) a 10.0 (i parametri cambiano da grafico a grafico ma come impostazione guida va bene, se fate degli errori il grid non parte).

La differenza con il Grid normale e che dove prima c'era il livello di stop ora c'è il livello di profit , ma nel percorso anti grid vi farà delle piccole perdite, (dove nel Grid vi faceva dei piccoli profitti) questo perchè. Mettiamo un anti grid short, lo stop in basso ora è profit, se i prezzi scendono e guadagno, se non vanno a toccare il profit e rintracciano accumulo la perdita dal rintracciamento fino alla linea di partenza del anti grid, e in più tutta la perdita fino allo stop opposto se i prezzi mi continuano ad andare contro. Per questo l'anti grid chiude le posizioni con delle piccole perdite piuttosto che farvi accumulare una perdita maggiore.

Adesso vediamo un altro utilizzo dell'antigrid.

Apriamo un operazione direzionale (es. eur/usd long)

Abbiamo l'entrata a mercato, lo stop e il profit, come al solito. Per coprire il rischio dobbiamo proteggerci dalla "fascia di rischio" inseriremo dunque Antigrid, e il livello di stop diventerà il nostro livello di profit.

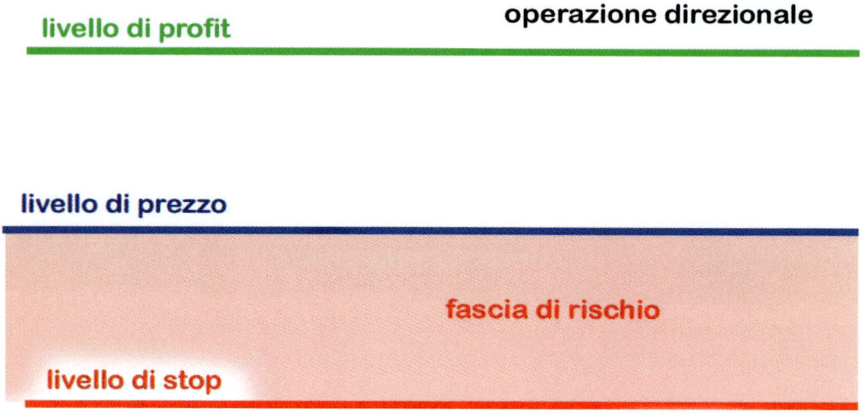

livello di profit   **operazione direzionale**

livello di prezzo

fascia di rischio

livello di stop

Con l'antigrid

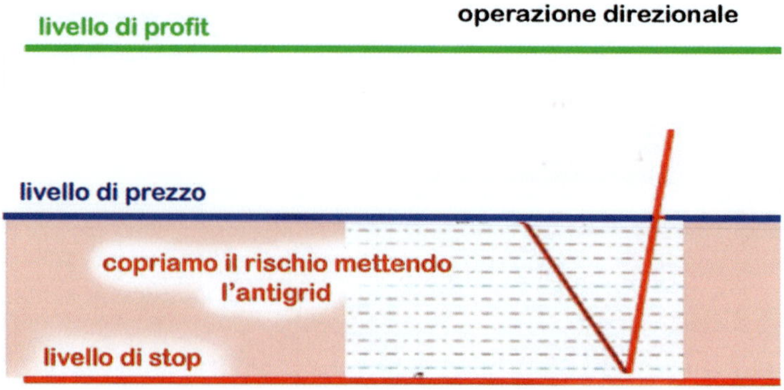

livello di profit   **operazione direzionale**

livello di prezzo

copriamo il rischio mettendo l'antigrid

livello di stop

Rimane però il fatto che l'antigrid genera tante piccole perdite, e più tempo rimane nella fascia di rischio più perdite procurerà.
A questo punto per diminuire il rischio dell antigrid inseriremo un Grid

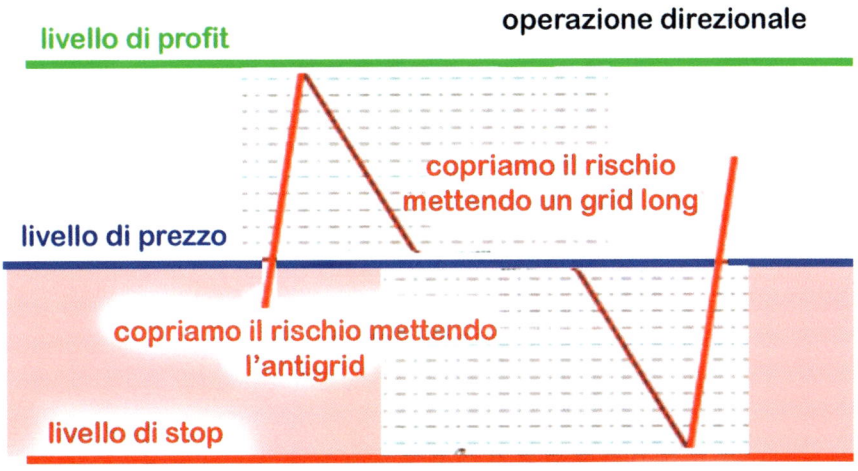

I due sistemi lavoreranno insieme, è chiaro non il rischio c'è sempre, e se il trade vi va contro potete in qualsiasi momento rimuovere i Grid. Quello che consiglio e fare dei test in demo, e decidere in seguito come utilizzare il Grid, il Grid simple e l'anti Grid.

Qui sotto c'è l'immagine riassuntiva del comportamento dell'anti Grid

Per coprire le perdite dell anti grid, metteremo un Grid nella fascia dell' anti grid.

In questa maniera avremo coperto quasi tutto il rischio, (rimane solo una piccola differenza tra grid e anti grid, che potremo coprire aumentando di poco il moltiplicatore es; da 1.0 lo portiamo a 1.2)

Applicando questa strategia farete esperienza con il grid e porterete molti eseguiti a profitto.
Provate sempre prima in demo e poi passate con i soldi reali.

La Piattaforma

Per poter fare trading in modo professionale occorre una piattaforma professionale, può sembrare un luogo comune, ma è la verità.

La Metatrader 4 è la piattaforma più usata, perchè è versatile, semplice da gestire e completamente personalizzabile.
La Metatrader è stata creata da Metaquote (non è proprieta di Swissquote) esiste la Metatrader 5 le differenze sono poche, ma la metatrader 4 è la preferita e la più usata dai trader di tutto il mondo. Per poterla scaricare si va sul sito swissquote, aprite un conto demo, e vi arriverà tramite mail il link per istallare la metatrader 4, oppure andate alla pagina piattaforma (it.swissquote.eu/fx/forex-trading-platform/meta-trader-4)

e scegliete se la volete scaricare per pc, tablet, o smartphone, oppure se volete avere la piattaforma su tutti i dispositivi o scaricarla di nuovo su di un altro computer cliccate su login e accedete alla pagina.

Il sito swissquote

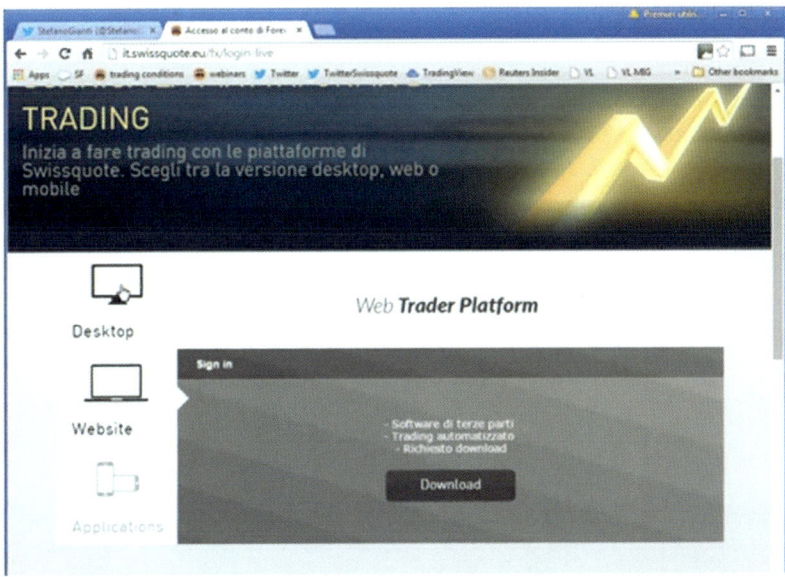

Se invece vi capita di voler visualizzare la Mtr4 su di un computer che non è vostro esiste una versione "webside" che non si scarica ma è un collegamento on line. Se la volete su smartphone potete andare su apple store, oppure lo store android google play e scaricare la versione preferita. Scaricate sempre la versione Swissquote LTD, e non Swissquote (senza LTD) perchè altrimenti vi state scaricando app della Banca Swissquote, che può essere utile ma non è

quello che ci interessa.
Una volta scaricata la piattaforma iniziamo ad esplorarla.

All'inizio vedremo 4 grafici con sfondo nero che modificheremo più tardi, dobbiamo per prima attivare il conto (demo o reale) andiamo a:
file > apri conto > nel box che si aprirà selezioniamo la valuta (euro) e il deposito che vogliamo mettere.

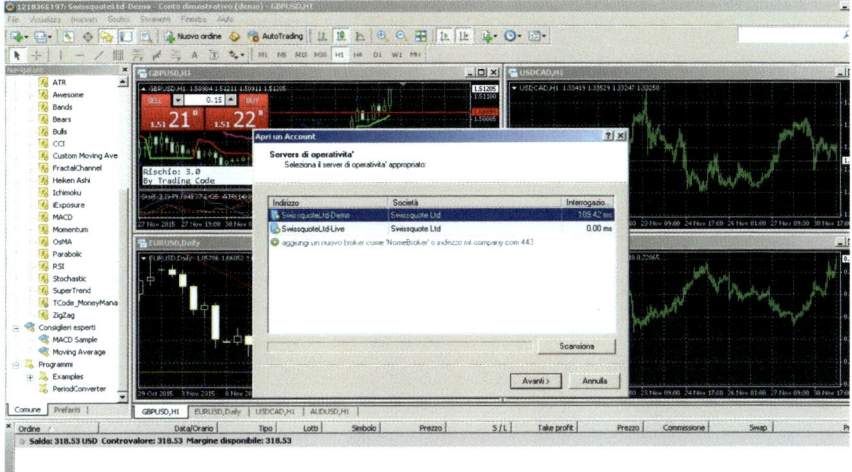

Possiamo aprire quanti conti demo vogliamo.

Attenzione: nel conto demo fare trading con 10.000 euro è molto facile, ma non vi dà la "misura" delle operazioni che fate, se nel selezionare il deposito mettere effettivamente la cifra che volete versare (es. 500 euro) vi sarà più facile avere la "misura" dei vostri investimenti, perchè con 500 euro il cammino per raddoppiare la cifra sarà di certo più lungo ma rappresenterà una vera palestra per quando con il conto reale affronterete guadagni e perdite reali.

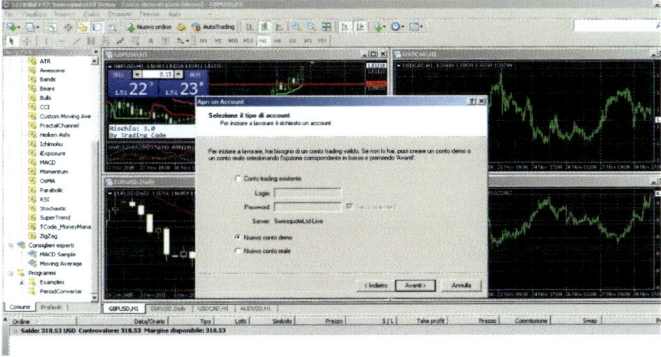

Se riuscite a passare da 400 euro a 1000 allora vi potete definire dei bravi trader.

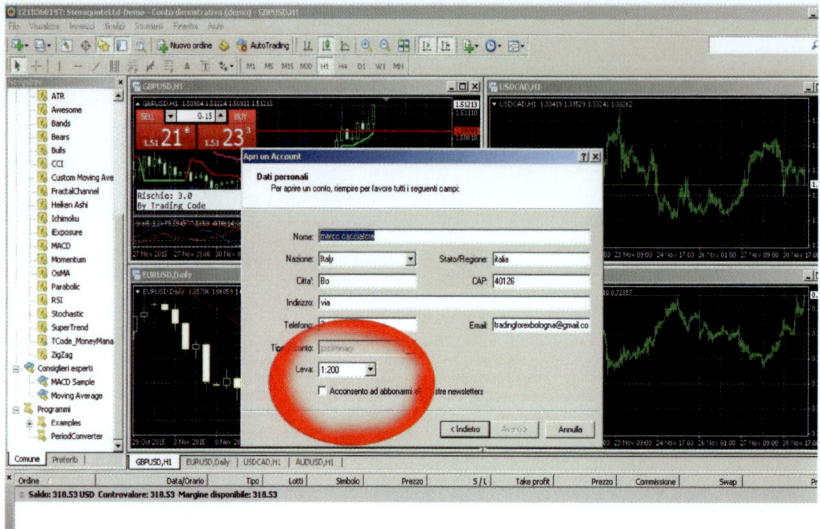

L'ultima cosa da settare è la leva, nel demo la massima è 200 (1:200) selezionatela che va benissimo, in reale arriva fino a 500, naturalmente anche i rischi sono 1:500 dunque è meglio stare più cauti.

Sul conto demo ci sono solo le valute e il gold, dunque non impazzite a trovare gli indici azionari, quelli li avrete con il conto reale.

Nota: in ogni momento potete passare dal demo al

reale, e dal reale al demo, e il conto demo non scade, dunque potete utilizzare il demo per testare tutte le vostre strategie senza rischi. Per passare dal conto demo a quello reale andate su "navigatore" "conti" attenzione a non fare confusione i conti demo iniziano con 121 i conti reali con il "9".

Appena aprite la piattaforma vi trovate davanti a 4 grafici con lo sfondo nero, niente paura si può tutto personalizzare. Ogni volta che personalizziamo la piattaforma possiamo salvare le modifiche fatte

Impostate le vostre preferenze e cliccate su salva formato e gli date un nome.

Con salva profili salvate la disposizione dei grafici sulla piattaforma.
Per personalizzare i grafici, se non vi piace lo sfondo nero e le candele verdi, con il tasto destro del mause o f8 con la tastiera vi uscirà il menù proprietà.

Potete scegliere "nero su bianco" e mettere il colore delle candele, la toro (rialzo) verde, la candela orso (ribasso) rosso.

Sempre nel menù Proprietà cliccando su "comune" possiamo cambiare diversi parametri, io metto sempre "spostamento del grafico", cioè sposta il grafico un po' all'indietro lasciando dello spazio a destra, questo accorgimento è utile quando tracciamo le trend line o mettiamo un indicatore perchè vediamo "meglio" dove andranno ad incrociarsi o a delimitare il trend (è più difficile da spiegare che a farsi, comunque provate e capirete subito la differenza).

Andiamo a vedere le altre funzioni
Per poter vedere i prodotti finanziari, le valute, ecc.. sulla piattaforma c'è la finestra "vista a mercato", trovate le valute, se invece volete l'intera gamma dei prodotti fate: vista a mercato > mostra tutto
per tornare indietro fate: vista a mercato > nascondi
Se invece volete personalizzare una vostra lista fate: imposta> salva come (e salvi la lista) per vedere un impostazione salvata fate : importa e la "visualizzi" in piattaforma.
Per portare un grafico in piattaforma,(es: EUR/USD) vai "vista a mercato" scegli con il mause, tieni premuto e trascini nella parte centrale, e lasci.
Accanto a vista a mercato abbiamo Il grafico tick

Nel grafico tick si vedono bid (prezzo di vendita) che è sempre rossoe il prezzo ask (il prezzo d'acquisto) è sempre azzurro.

lo stesso vediamo sul grafico il box dei prezzi , se è rosso il prezzo sta scendendo se è blu sta salendo.

Se il box sul grafico è attivato (dunque lo vedete) potete fare un ordine semplicemente cliccando su "buy" o "sell" la quantità dei lotti o microlotti è visualizzata al suo centro (che potete modificare cliccandoci sopra).

Però attenzione entrate subito a mercato e serve per un operatività "veloce", che almeno all'inizio sconsiglio. Potete disattivare il box, (strumenti>opzioni > posizioni aperte> togliete la spunta a "one click trading") oppure state attenti a non andarci sopra con il mause e cliccare.
Se per errore piazzate un ordine basta andare sulla stringa che vi appare nella parte sotto il grafico e cliccare su "X" se il box "veloce" non è attivato si aprirà la finestra ordini e vi chiederà la conferma.
Subito sotto troviamo gli indicatori, che possiamo "farli passare" da "comune" ovvero l'elenco completo, a "preferiti" quelli che utilizziamo.

Basta semplicemente selezionarli con il mause, premere tasto destro, si apre il menù e scegliere la voce "aggiungi ai preferiti" e si sposteranno nel box a fianco.

Se poi volete installare un nuovo indicatore andate a
" file > apri scheda data>(si aprirà una schermata,
aprite la cartella MQL 4)>indicatori (oppure "expert"
se si tratta di sistema automatico di trading) e copiate
il file del programma/indicatore. Chiudete la
piattaforma e riapritela, e come per magia vi
troverete l'indicatore nell'elenco.

Attenzione i file da copiare sono "ex4" (es. ATR.ex4)
altri file sono la programmazione che non influiscono
sul funzionamento, dunque possono benissimo non
essere copiati in piattaforma.

Come si inseriscono gli ordini

Inserire gli ordini è molto semplice, cliccando su
"nuovo ordine" si apre la finestra che si vede nella
figura sotto, come primo dato abbiamo la coppia di
monete.
La seconda impostazione "volume" è il numero di
lotti, mini lotti o microlotti.

Esempio, nella coppia eur usd Il lotto vale 500 euro, il mini lotto equivale a 50 euro, il micro lotto a 25 euro. Di seguito abbiamo stop loss e take profit alla dicitura "tipo" dobbiamo scegliere se entrare subito a mercato (e ci basta scegliere se long o short), oppure mettere un ordine pendente.

Gli ordini pendenti si dividono in "sell" e "buy" che a loro volta si distinguono in sell limits e sell stop, e buy limits e buy stop, (la differenza è spiegata nel capitolo del grid).
In ogni caso se i parametri dell 'ordine non vanno bene l'ordine non parte.

<mark>Altre funzioni della Metatrader4</mark>

Esaminiamo la barra superiore della metatrader4

a b   c d e f   g   h   i l m n o p
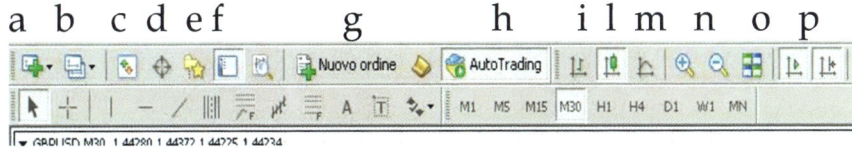

a- crea nuovo grafico (serve per visualizzare l'elenco dei grafici e con un doppio click portarli sulla piattaforma)

b-profili (se avete salvato un profilo lo potete richiamare)

c- vista del mercato (elenco dei prodotti finanziari)

d- finestra dati (tutte le informazioni sul grafico e sulle candele, spostando il cursore all'interno del grafico si visualizzano le informazioni sulle singole candele.

e- navigatore (si divide in "comune" e "preferiti" sono l'elenco degli indicatori oscillatori expert advisor e conti reali e demo) .

f – terminale, la parte bassa sotto il grafico dove ci sono gli ordini fatti o gli ordini pendenti.

g- inserire un nuovo ordine.

h- auto trading , pulsante per attivare gli expert advisor (prima si attiva e dopo si sceglie expert adivisor e lo si trascina in piattaforma).

i- grafici a barre

l – grafici a candele

m – grafici a linea

n – zoom in e zoom out

o- disponi i grafici non sovrapposti

p- scorrimento del grafico

sezione sotto

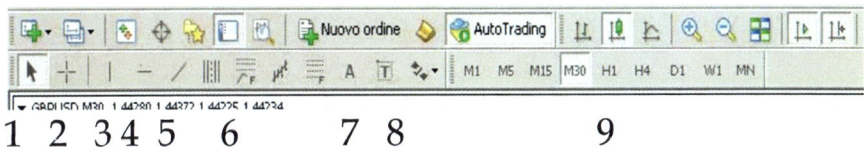

1 2 34 5 6   7 8   9

1-puntatore semplice

2- puntatore a croce per definire distanza pip e numero di candele

3- disegnare rette perpendicolari
4 – disegnare rette orizzontali

5- disegnare trend line trasversali

6- fibonacci, ciclicità, estensioni, (si possono modificare e sostituire a piacimento.

7- inserire il testo

8-inserire le frecce

9-time frame

Terminale (zona sotto)

posizioni aperte e posizioni pendenti

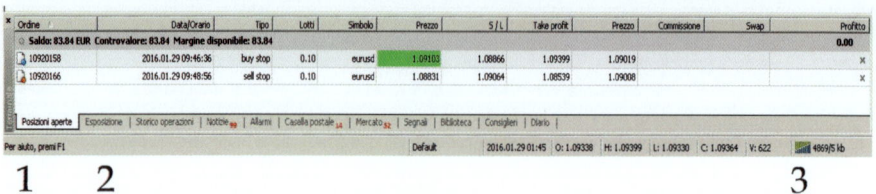

1   2   3

1-pulsante posizioni aperte
2- pulsante storico delle posizioni
3- connessione attiva / connessione assente
per salvare l'immagine di un grafico tasto destro del
mause e scegli "salva grafico".
Per scegliere tutte le funzionalità della metatrader4
avete sempre due vie, o dai pulsanti o dai menù a
cascata.

QUALE BROKER SCEGLIERE ?

Prima di decidere leggi quali caratteristiche deve avere un broker, e quello che ti offre Swissquote LTD

Dalla Teoria alla pratica: quale Broker scegliere?

Io non ho dubbi! Scelgo Swissquote.

Domanda: Che caratteristiche deve avere un Broker? Deve essere affidabile, perchè il problema non nasce quando aprite il conto, ma quando dovete prelevare il vostro guadagno.

Swissquote Ltd, la filiale con sede londinese di Swissquote Bank, è autorizzata e regolata nel Regno Unito dalla Financial Conduct Authority, FCA, con numero di registrazione 562170, e iscritta all'albo CONSOB come società senza succursale con numero di registrazione 3434 operando sotto la direttiva europea MiFID. Swissquote Group è una società quotata in borsa (SIX Swiss: SQN) con una capitalizzazione di oltre 500 milioni di franchi e CHF 10 miliardi di attivi sotto gestione.

Domanda: Il Broker è MARKET MAKER?

No. Swissquote Ltd è una società autorizzata alla negoziazione solo per conto del cliente, come è possibile evincere dal sito Consob. Swissquote Ltd offre il miglior prezzo sul mercato interbancario e lo "rigira" al trader, aggiungendo il proprio mark-up (che è fisso) a seconda dello strumento. Lo spread è il risultato finale, variabile proprio perché dipende dall'andamento del mercato, estremamente competitivo e consultabile direttamente dal sito! La tabella riporta il targhet spread, ovvero la media intraday.

Domanda: Il Broker deve avere una sede "verificabile" ?

Si. Il Gruppo Swissquote ha sede a Gland (Ginevra), la Svizzera con sedi a Zurigo, Berna, Dubai, Malta, Londra e Hong Kong e attualmente impiega oltre 500 dipendenti.

Domanda: Il Broker deve avere un assistenza veloce e puntuale?

Swissquote ha un assistenza fenomenale.

Tramite chat
(li ho conosciuti così, mi hanno risposto immediatamente, e dopo 10 minuti stavamo parlando al telefono, dopo un quarto d'ora avevo tutto quello che mi interessava sulla mia mail)

Mail e numero telefonico (raggiungibili per telefono dalle 9 alle 19)

Domanda: Il Broker fa formazione ?

Un aspetto fondamentale è la formazione, infatti se il broker ha interesse a farti guadagnare ti darà tutte "le dritte" affinchè il tuo trading sia profittevole. Un cliente che perde soldi è un cliente che chiude il conto è va via.

Swissquote organizza webinar settimanali in collaborazione con trader indipendenti o con altre società, inoltre tutti i webinar sono disponibili gratuitamente su youtube, e non parlo solo di webinar base, ma di sessioni operative su indicatori e strategie di livello avanzato (ma non impossibile). inoltre sono presenti con dei seminari **Live Gratuiti in Italia**, nelle più importati città, Milano, Genova, Udine, Roma, Trieste e Bologna, ospiti negli Hotel più belli della città…e ripeto tutto gratis.

Il Broker ti fa operare con la piattaforma demo e con i micro lotti?

Avere a disposizione il conto demo "senza scadenza" è fondamentale perchè ti permette di testare le tue strategie senza rischiare il capitale, poi una volta sicuro passi al conto reale, con la certezza che con un click ritorni in demo. Ti assicuro che è il miglior modo per crescere sia in sicurezza che in esperienza.

Entrare a mercato con lotti e microlotti.

Il lotto, ovvero la dimensione di un contratto, sul mercato Forex varia a seconda della coppia di valute di nostro interesse, tuttavia genericamente, corrisponde a 100.000 unità della prima valuta. Swissquote Ltd è un broker che permette di operare anche con frazioni inferiori rispetto ad un lotto, il minilotto (decima parte di un contratto) e microlotto (centesima parte di un contratto). Movimentare queste porzioni di contratto, attraverso l'utilizzo di leva finanziaria, risulta fattibile per chiunque poiché bastano poche decine di euro; la leva finanziaria tuttavia è uno strumento che comporta anche rischi, ecco perché ti raccomando di seguire alcuni semplici regole, che troverei all'interno del volume, e che ti permetteranno di prendere confidenza con lo strumento imparando a sfruttarlo a tuo favore.

Swissquote offre il conto demo e i microlotti sempre disponibili.

Domanda: Con quale piattaforma il Broker ti fa operare?

La piattaforma è lo strumento con cui fai l'analisi dei grafici e piazzi i tuoi ordini sul mercato, dunque deve essere lo strumento migliore da poter utilizzare, versatile, personalizzabile in tutte le sue parti (dai colori agli imput degli indicatori), non troppo complicata nella gestione, completa nella visualizzazione di ciò che accade nel mercato.

Con Swisquote operi con la Metatrader 4
in assoluto la migliore piattaforma a livello mondiale.

QUANDO SCEGLI UN BROKER CONSIDERA TUTTE QUESTE COSE E NON SBAGLIARE ! SWISSQUOTE LTD

Siamo arrivati alla fine di questo percorso, ma in realtà è soltanto l'inizio del tuo percorso che spero sarà lungo e ricco di soddisfazioni.

Non tutti gli argomenti sono stati trattati, ho tenuto fuori le correlazioni tra le monete e lo spread trading, che sarà un argomento da affrontare quando si avrà una buona esperienza. Ti assicuro che il materiale di questo corso è già abbastanza e ci vorrà il suo tempo per assimilarlo.

Non mancheranno gli errori e i successi, ma se il trading fa per te, sarà la passione a farti andare avanti.

Se invece sei negato, non ti crucciare, ci hai provato e hai imparato qualcosa che molte persone non sanno.

Un saluto e ti auguro un buon trading

Marco Cacciatore

INTERVISTA A STEFANO GIANTI

di SWISSQUOTE LTD

Stefano Gianti, nato a Domodossola, lavora attualmente a Londra come formatore finanziario per Swissquote Ltd. Dopo aver lavorato per un importante gruppo bancario italiano per cinque anni, si dedica all'attività di trading a tempo pieno e successivamente anche alla formazione finanziaria.

1) La tua carriera nel mercato finanziario è iniziata da uno sportello bancario,
qual'è stata la molla che ti ha fatto scattare la passione per il trading?

Ho iniziato a lavorare in banca in una filiale di Torino, poi sono passato all'ufficio Titoli della filiale della sede stessa della Banca Popolare di Novara, oggi Gruppo Banco Popolare, terza realtà bancaria italiana. Erail 2007 e avevo iniziato a comprare anche io qualche azione: ricordo i primi scambi con azioni

come Eurotech, Eurofly e Banca Italease.
Sembrava però troppo facile, bastava comprare e il mercato saliva, di fatto il mercato in quel periodo era ancora "toro".

2) quali sono i 3 errori più comuni per chi inizia a fare trading? E quali sono gli errori che i professionisti continuano a
fare, nonostante l'esperienza?

Io non sono convinto che quando si inizia bisogna sbagliare per forza. Mi è capitato personalmente: all'inizio, quando ho iniziato con le prime compravendite, mi ero spaventato non per le perdite, ma per quanto poteva risultare troppo facile guadagnare. Quindi mi sono messo a studiare. Mi ricordo: avevo comprato un libro sui derivati e stavo anche studiandone uno del mio percorso accademico di Economia: non erano stati assolutamente utili. Allora la passione che si era accesa mi portò a investire qualche migliaia di euro in un corso che è sicuramente stato utile. Ma il grande passo è stato aprire subito un conto trading e fare esperienza. E' servito davvero tantissimo. Mi ricordo: iniziai a prendo un conto da 7.000 dollari e investendo 200 dollari di rischio per ogni operazione. Fortunatamente, la prima operazione è stata chiusa con il 130% di profitto, il che aiuta il morale!

Comunque per rispondere alla domanda, i tre errori comuni sono sicuramente: l'intestardirsi su una singola posizione;

tagliare i profitti quando ci sono (ho notato che l'80% degli eseguiti vengono chiusi in profitto da molte persone, il che però non significa che a fine mese porti a casa un risultato positivo); l'overtrading: rimanere troppo davanti al monitor e "forzare la mano".

3 L'aspetto psicologico del trading, passare subito dal demo al reale aiuta a sbloccarsi?

Demo? Io ho iniziato in reale. Ora, non dico che i conti dimostrativi non servano, anzi. Ma bisogna utilizzarli correttamente. E' ovvio che bisogna conoscere qualsiasi software prima di utilizzarlo, ma premere il tasto COMPRA o VENDI, lo si impara subito (anche se, dalla fretta alcune volte, ci si sbaglia ancora a premerlo dopo anni...).

Il conto demo serve a fare delle prove per prendere pratica con il software, ma il reale è tutta un'altra emozione. Lavorando da diversi anni per intermediari finanziari però mi accorgo che molte persone hanno un'incredibile pazienza e magari riescono a fare pratica su un conto viruale per mesi e mesi. Ma che pazienza ci vuole? Quando studi per prendere la patente, non vedi l'ora di poter guidare davvero la macchina?

4 La perdita è fisiologica: Quante "sberle" bisogna prendere sul conto, prima di farsi la pellaccia dura! Si impara più dalle perdite che dai profitti?

Mi ricordo una citazione in un libro: "ogni perdita che subiamo, aiuta a conoscerci meglio". Allora, dopo un po' che fai trading, ti conosci benissimo! Ho sempre affrontato il trading dalla parte opposta, forse perchè non mi potevo permettere di scialacquare capitale. La mia opinione è sempre stata, fin dall'inizio, che non bisogna pensare ai profitti. Bisogna assolutamente pensare al rischio. I problemi del trader sono principalmente due: paura e avidità. La paura però viene solo stai affrontando una perdita che è diventata troppo rilevante percentualmente rispetto al tuo capitale. L'avidità mi ha colpito di più, ricordo in particolare il 2008: dopo mesi di grandi profitti ho forzato un po' troppo e successivamente ho perso buona parte di essi. Nel periodo immediatamente dopo il fallimento di Lehman Brothers sono stato bravo: in circa 45 giorni di trading ho portato a casa 100 dollari, che ovviamente non sono molti, ma se paragonato al -80% di molti fondi hedge, potete capire che è stata una soddisfazione, oltre che un periodo molto formativo sulla gestione del rischio.

5 come hai conosciuto Swissquote LTD qual'è stato il motivo portante che ti ha convinto di lavorare per loro.

Ho iniziato a lavorare nel 2010 per un altro intermediario finanziario, poi mi sono sposato a Londra per la stessa compagnia e successivamente nel 2014 ho accettato un'altra offerta. Sono così arrivato a MIG Capital, società di intermediazione finanziaria londinese detenuta al 100% da MIG Bank, banca svizzera. Nel novembre 2014 questa banca si è fusa con SwissquoteBank, di conseguenza il cambio di nome. La fusione ha apportato buoni vantaggi ed effetti benevoli sulla crescita del gruppo immediati.

6 expert advisor ? i pregi del Grid e quali sono le differenze con altri Grid che si trovano in rete (o di altri Broker)

Il trading system grid è nato un po' per caso: stavo di fatto crendo una strategia che tramutasse un vertical spread creato con le opzioni in una strategia utilizzabile per Metatrader 4, la piattaforma di trading su Forex e CFD più utilizzata al mondo. La logica della strategia stessa è infatti quella di "guadagnare dal tempo", ovvero trarre profitto continuo dal movimento del prezzo, fino a quando lo stesso non raggiungesse un livello di prezzo predefinito.

Dopo averlo sviluppato mi sono di fatto reso conto che era un sistema di grid. Questi sistemi sono comunemente utilizzati nel mondo metatrader.
Io l'ho comunque sviluppato in maniera diversa, partendo dal concetto di gestione del rischio e costruendoci la strategia attorno. Questo concetto invece viene solitamente non compreso in sistemi di trading simili. E' una differenza fondamentale.

7 parlaci del gruppo di lavoro di Giuseppe Musciarelli, e qual'è l'indicatore che ancora non è stato partorito, ma l'idea è nell'aria?

Giuseppe ha creato un expert advisor davvero geniale: il Chart Risk Manager. Questo tool permette al trader di effettuare gli eseguiti direttamente dal grafico, gestire il rischio della singola posizione e del portafoglio con un singolo clic. Davvero utile. Obbligherei tutti ad utilizzarlo sempre. Permette a tutti di limitare i propri errori e aumentare la propria profittabilità.

8 Swissquote in tour, incontri live con i clienti attuali o futuri di swissquote, che tipologia di persone si avvicina a trading?

Sono anni che sono nel settore e partecipare ad eventi come l'Italian Trading Forum di Rimini o il Trading Online Expo a Borsa Italiana è sempre stato un onore e un piacere. Lo Swissquote Tour ha un carattere ancora diverso: mentre alle fiere le persone partecipano per approfondire la conoscenza del trading online e delle diverse tecniche, qui le persone arrivano per incontrarti, stringerti la mano, conoscersi meglio, oltre che scambiarsi idee di trading. E' un modo semplice per conoscerci meglio e per poi rimanere in contatto.

9 il Forex è un attività impreditoriale?

Mi piace definire il trading come un'attività imprenditoriale con una contabilità incredibilmente semplificata. Le perdite rappresentano i costi, i profitti rappresentano i ricavi. Un'imprenditore quando apre un'attività di fatto crea un business plan e valuta i diversi rischi. Il trader deve fare lo stesso. Oggi attivare un conto trading è estremamente semplice e l'accesso al mercato è immediato. Prima di partire in quarta, provate a fare un ragionamento del genere: pensate all'importo che globalmente volete investire al vostro progetto. Dopo aver appreso i concetti fondamentali, è opportuno iniziare ad investire aprendo un conto trading reale e versando solo una parte di quello che è l'investimento dedicato a questa attività. Poi raggiunti i primi traguardi, si passa ad un secondo versamento.

10 nelle scuole non si insegna "formazione finanziaria", con un minimo di conoscenza dei mercati e la gestione del rischio, si sarebbe potuto evitare "la perdita" di tanti piccoli investitori negli ultimi scandali bancari?
Nel trading come si riconosce un broker affidabile?

Tema fondamentale e molto attuale. L'affidabilità e la solidità del proprio intermediario finanziario è fondamentale.
Scegliere sicuramente intermediari regolamentati dalla Financial Conduct Authority londinese.

11 Sul Forex esiste in rete una marea di pubblicità che promette facili guadagni, influisce sull'idea che le persone si fanno del trading.

E' pubblicità palesemente ingannevole. Me ne ricordo una in particolare, di un broker di opzioni binarie: un ragazzo sulla spiaggia col surf e lo slogan "faccio trading 15 minuti al giorno". Il trading è un'attività imprenditoriale.

12 Nel trading si può dire che è la natura umana espressa in numeri, affacciati ad una trend line, pronti a saltare?

Nel trading bisogna studiare il comportamento dei prezzi. E' opportuno conoscere la situazione macro e le notizie, ma non dare troppa imporanza ad esse se si opera nel breve/medio periodo. Ricordiamoci che le notizie sono davvero molte e i prezzi non reagiscono sempre allo stesso modo, il mercato è mosso anche dall'irrazionalità umana, ma soprattutto da persone o fondi che hanno esigenze diverse. Le interazioni sono troppe, impossibile conoscerle e monitorarle tutte.
Quindi questa è la ricetta base: regole semplici, approccio metodico e tanta umiltà.

13 Se è vero che il mercato è prevedibile dai "numeri" del passato, un esempio è il forecaster presentato da Luca Discacciati nei webinar Swissquote, dove sta andando l'economia mondiale ? Ci saranno sorprese oppure e tutto scritto.

Nulla è scritto, ed è questo il fascino. L'idea del Forecaster è semplice è geniale: aggrega i dati del passato per "cercare di prevedere" il movimento futuro. La ciclicità, soprattutto su alcuni mercati, è un'ottima indicazione.

14 convincimi in due righe a diventare cliente swissquote!

Semplicemente professionalità, ottime condizioni, ottima esecuzione, trasparenza e solidità. E poi quello che più mi affascina: la condivisione di idee di trading.

Ultima domanda, diciamo più una curiosità personale, ma... esiste veramente il trader che opera sul mercato finanziario, sdraiato, in una spiaggia tropicale con la bibita a fianco, abbronzato come un Dio pagano, propretario del bar e che per ogni trade, fa mille euro? Esiste veramente oppure e tutta un'illusione?

Il trader sbaglia se rimane solo, sia a casa propria al buio di una stanza illuminata da diversi monitor soltanto sia se su una spiaggia tropicale. Conosco persone serie che con la propria attività fanno una cosa più nobile e si preoccupano di mantenere tutta la propria famiglia con la propria attività. Mi raccomando: se fate trading, quando siete in vacanza,
pensate solo a godervela!

Ciao e grazie

L AUTORE

Marco Cacciatore

Di origini salentine, nato nel 66 a Gallipoli, attualmente
vive e lavora a Bologna, grafico pubblicitario e
appassionato di web marketing, Studi artistici e DAMS.
Dal 2013 si occupa di trading, attualmente collabora con
Swissquote LTD.
Ha realizzato il sito www.tradingforexbologna.it organizza
incontri e corsi sul trading forex a Bologna.
Ha pubblicato questo libro con Amazon.

Contatti:
www.tradingforexbologna.it

tradingforexbologna@gmail.com

ATR

figure pattern,

Ciclo dei mercati, MM → 4 fasi del M
Ciclo macroeconomico → 6 fasi

Le forze del trading :
Candele
- formazione candele
- doji
- hammer

Come si leggono i prezzi
Pip
ATR

Figure Pattern
- figure di inversione
- Testa e spalle
- Doppio top e doppio bottom
- figure di continuazione
- triangoli (simmetrico asa/discendente)
- bandiere o pennant
- wedge e rettangoli

Grafici e candele giapponesi   Candele di inversione
Range and trend day   - engulfing
Candele doji   - morning star
Candele di continuazione   - hammer
- Marabozu   - dark cloud
- Bozu
- Harami

Printed in Great Britain
by Amazon